人人懂点经济学

Trade is the
Substitute of War

贸易是战争的替代

谢作诗　著

生活·讀書·新知　三联书店

目　录

第二篇　经济与金融分析

第三篇　经济学的方法

前　言

　　张五常教授说，他要熬夜抽烟才能写出东西——这是自杀式的写作。

　　而我呢，在每一篇文章中，总想追求用一个独特的视角，得到一个有别于一般认识的启迪，所用的绝对是简单一致的经济学基本原理。写一篇不难，但要篇篇都如此，真的不容易。我写文章还有一个毛病，就是在句号画上之前，我吃不下饭，睡不好觉，脑袋里总是忘不了文章的事。我的睡眠本来就不好，写文章的时候，我的睡眠就更糟糕了，经常要到凌晨两点后才能睡着。所以，我也是自杀式的写作了。

　　我曾经下过决心：不要再写东西了。写文章既不赚钱，又伤身体，何必呢！

　　说真话，靠写书赚钱，真是不合算。

　　我坚信，经济学是研究市场的学问，一定能够帮助人们从市场中赚到钱。这并不是说从书本上就能直接学到赚钱的技术，而是掌握了基本的概念、原理，培养了正确的分析问题能力，可以帮助你正确理解市场上的各种现象和行为，是有助于从市场上赚钱的。

我能够在 2014 年 7 月写出《股市的春天正在悄然到来》的文章，因此是能够从市场上赚到一点钱的。

2014 年以来，我在股市上赚了一点钱，但也把大量时间用于看盘了，因此很少再写文章。赚了钱以后，我心里却是空荡荡的。于是我知道自己其实既需要钱，也离不开读书和写作。

也好，社会进步要从启蒙开始。我相信我的文字是有一些积极意义的，所以我会一如既往写一些传播正确的市场经济理念的文章。但是，今后的文章会少有写专栏那样的选题约束，我会想到哪里写到哪里。这本集子中的文章，内容就比较庞杂：有谈方法的，有谈人生的，有谈股市的，有谈汇率的，有谈中国经济的，还有谈各种经济现象和行为的。

我认为学习不应该是一件急功近利的事情。电影《少林寺》中有一个细节：有人去学习少林武功，可是师父一开始让他练习的却是看似风马牛不相及的挑水和搅锅。培养分析问题的能力也是这样，要从一个个具体的、容易把握的问题开始训练。这事做好了，分析复杂问题的能力也就慢慢有了。记得读博士的时候，我曾对排队购买做过一番认真的调查研究。高小勇老师说，我分析问题的能力自此有了很大的进步。我自己平平常常地度过每一天，感觉不到有什么变化。然而十几年下来，我写了几百篇文章以后，再回去读多年前的文字，觉得多少有些稚嫩。可见，其实我每天都是有进步的。这可能就像费雪所说的"收入是一连串事件"吧。

农民犁地、播种、施肥、除草，每件事似乎都不是收获，但是经过这一连串事件，秋天的收获就真的来了。每天读一点东西，思考一些问题，几年下来，你的进步会让自己惊讶。

我坚信，这本集子是能让你在轻松愉快的阅读中学到真正的经济学的一本好书。

第一篇

真实世界的经济学

每一篇文章都用一个独特的视角分析现实世界的问题，得到一个有别于一般认识的启迪，而所用的绝对是简单一致的经济学基本原理。

贸易是战争的替代

　　当今世界，虽说还有战争，然而和过去相比，战争无疑是减少了。这是为什么呢？

　　答案是：当今世界经贸往来加强了。交易关系中的双方，不是没有矛盾和斗争，但是不能你死我活。相比斗争，合作的重要性更加凸显。工人把农民杀死了，就没有饭吃；农民把工人杀死了，又没有裤子穿。有了问题和矛盾怎么办？谈判解决呀！而在这个过程中，相互妥协可能是大智慧。

　　为什么英国光荣革命产生的是君主立宪制度，而法国大革命却以流血杀头而告终？因为英国经济是为交易而生产的工业经济，法国经济是自给自足的小农经济。在自给自足的生产模式下，把你的抢过来我可以过得更好；但是在为交易而生产的模式下，如果杀了对方，自己的产品就卖不出去了，也无法从别人那里买到自己所需要的东西，自己也活不好。

　　有领土争议的国家之间要搁置争议，努力发展双边经贸关系。

越是在领土问题上有争议，越要加强经贸往来。这不仅需要双方领导人有智慧，也需要双方老百姓能够理性。

1978年10月，邓小平同日本首相福田赳夫会谈后，在记者招待会上就钓鱼岛问题表示："我们这代人智慧不够，这个问题谈不拢，我们下一代人总比我们聪明，总会找到一个大家都能接受的方式来解决这个问题。"这是大智慧。一百年前，欧洲打打杀杀的，可是今天怎么样？货币统一了，在不久的将来财政也会统一。一个财政、货币都统一的欧洲跟邦联制或者联邦制又有多大区别？在今天的欧洲，从一个国家到另一个国家，不就与我们从一个省到另一个省差不多吗？

不可否认，亚洲的问题要复杂些。但是两百年、三百年后，"亚盟"会不会产生呢？如果"亚盟"产生了，领土问题还会像今天这样棘手吗？亚洲各国要明白，与其纠缠于边界领土等问题，不如面向未来努力建设自由贸易区。贸易不只会带给我们财富，还会带给我们和平。

2014年3月

中国人为什么"更勤劳"

很多人看好中国经济的一个理由是中国人吃苦耐劳。

的确，没有任何一个国家的人像中国人那样拼命地挣钱。这也是中国经济能够高速增长的重要原因之一。然而吃苦耐劳是中华民族的天性吗？果真如此，中国经济就有得天独厚的竞争优势，就可以任性；反之，中国经济就要小心维护自身竞争力。

中国人肯定比西方人能吃苦耐劳，但这不能说明中国人天性勤劳，而是印证了西方的高福利破坏了人的劳动积极性。有了高福利保障，人们就少了拼命工作的压力和激励。随着经济的发展和收入水平的提高，人们的劳动积极性会下降。事实上，这一点在当今中国已经有所表现了：因为父母"勤劳"，家庭收入有了很大的提高，第二代就不如父辈们吃苦耐劳了。这说明制度才是决定人勤劳与否的关键因素。

如果说把中国人和西方人相比较不能证明中国人更吃苦耐劳的话，又怎么解释跟发展中国家的人相比较，中国人也更吃苦耐劳呢？

他们可没有像西方人一样的高福利和高收入。

我的答案是：因为这些发展中国家主要是农业经济。农业经济边际报酬递减。比如种稻子，你多投入一小时可以增产 1 公斤，多投入两小时可以增产 1.1 公斤，但是再增加投入，就算你不吃饭、不睡觉，也不会再增产了。最多只能亩产 1500 公斤，为什么还要拼着命地劳作呢？然而，在报酬递增的工业经济中，你投入一小时可以挣 200 元，投入两小时可以挣 500 元，当然要拼命劳作了。

农民缺少储蓄和积累资本的积极性，很多人归因于农民的短视和缺乏进取心。然而，诺奖得主舒尔茨教授通过对印度、危地马拉等国的实地考察发现，农民之所以这样做，是因为通过千百年来的摸索，生产方式已经最优了，即使再积累资本也不能有效增加产量了。

紧随而来的问题是：为什么这些国家不发展工业呢？答案是：工业需要产业集聚。只有集聚，才能深化分工和专业化，产业才有竞争力。但是，产业的集聚并不是由愿望决定的。

因为历史的渊源，产业从英国向美国转移集聚；由于冷战中美国的扶植，产业又向日本、德国转移集聚；因为与日本离得近，并且又在世界市场中具有地理位置优势，产业又向亚洲"四小龙"等国家和地区转移集聚；因为接近日本，中国又成为新一轮产业转移的主要集聚地。未来人们终将看到：随着中国制造的成本上升，产业又会转入东南亚；当东南亚成本上升后，产业可能会转入非洲。

海洋暖流流向哪里，哪里的鱼就旺盛生长。在浩瀚的历史长河中，受国际大气候的影响，产业好比大海里的暖流，转移到哪里，哪里就繁荣昌盛。

可见，一个国家的经济成功其实是有很大的偶然性的。一个民族表现勤劳一些，还是懒惰一些，也是有很大偶然性的。传统农业社会的悠闲和工业社会的紧张忙碌跟人的天性没有关系。

中华民族和其他民族一样勤劳，中国人并不具有特殊性。经济发展的历史告诉我们，不是随便哪个国家想勤劳致富就可以轻易做到的，所以我们要珍惜来之不易的勤劳！

2015 年 5 月

偏远是因为物产不丰富

老家谢家湾的村领导打来电话说，要实现村村通水通路，其费用由政府补贴一部分，村里每家出 800 元，同时出劳力，再由我们这些在外工作的人捐一点。他还说要实现今年通路，明年消灭土墙房子，建成新农村，让大家重新集中居住。

老家是我生于斯、长于斯的地方，我当然要捐。

但是，这仅仅是乡情难却，并不意味着我支持这样的建设。

中国很大，沿海、丘陵、平原都有，各地千差万别。也许在你的家乡，这样的建设是合适的，但我认为这并不适合我的家乡。

我的家乡地处偏远山区，那里不适合居住。我认为正确的做法是鼓励人们离开那里。在我小时候，谢家湾常住人口有 80 多人，但是现在只有 6 人了。乡亲们或者在城里打工，或者在外上学，都纷纷离开了，当然很多人的户籍还在那里。至于户籍人口有多少，我也不知道。

以前，虽然乡亲们在外打工，但老人和孩子都在家，家里的承包田还是要种的。所以每年农忙或过年的时候，大家还是要回老家的。后来，有能力的在打工的城市买房安家，稍差一点的回到广元市或者县城定居下来，再差一点的也在镇上买了房。老妈说，现在要是在镇上没有房子，连媳妇都娶不到的。

不单是娶媳妇的问题。已经记不起从什么时候开始，村里的小学就没了，更不要说幼儿园。孩子们都到十几里外的镇上去上学，这些家庭的老人也跟随而至——他们要在镇上照顾孩子的生活和学习。这也是乡亲们要在镇上买房的原因之一。说起来你可能不相信，在偏远山区的剑阁县白龙镇，房子卖到每平方米近3000元了，好一点的房子，则卖到每平方米4000多元。

几次返乡，看到野草侵径、校舍荒弃的景象，都会有些黯然神伤。但理性又告诉我：这是好事。毕竟孩子们在镇上读书，能接受比我当年好很多的教育。

有老妈在，我每年都要回家乡看她。但到了白龙镇我就止步了，很少再回谢家湾——毕竟那里偏远不方便啊！前年我回了一次谢家湾。还好，车能开到家，但小路上、院场里都长满了野草，好多可以直接引水浇灌的良田都荒弃了。樱桃挂满树梢，我都懒得一个一个地摘，而是把整根树枝砍下来。网友们责怪我不爱惜树，说我在杀鸡取卵。可他们不知道，村里没有几个人了——没有了小孩、年轻人，仅有的几个老人，还嫌它们酸，都不吃。

网友"老实和尚"说，偏远地区是因为物产不丰富才偏远的。

这是极其深刻的认识。地球本是圆的，为什么上海、杭州成了经济中心，而我的家乡却成了偏远地区？是因为那里物产本来就不丰富。否则，人口会向那里集聚，家乡也会成为经济中心的。所以，指望乡亲们生活在谢家湾而能过上好的生活，完全是缘木求鱼。祖祖辈辈生活在那里的人都不曾富裕，凭什么今天就能够富裕？政府与其花钱让农民在那里安居，不如拿这些钱帮助他们到城里生活。

2015 年 10 月

收入差距扩大是破坏市场的恶果

收入差距确实在扩大

成立于 1942 年、总部位于英国的乐施会，基于瑞士信贷银行近几年发布的《全球财富记录》数据曾大胆预测，到 2016 年，1% 的富人将分得全球财富蛋糕的一半以上。

尽管有人质疑其权威性，但是近年富人的钱袋子在急剧膨胀，却是不争的事实。数据显示，2009 年，全球最富有的 1% 的人口所拥有的财富占全球财富份额的 44%；而到了 2014 年，这一比例攀升至 48%，其人均财富达 270 万美元。余下的 52% 的财富中，有 46% 的被世界上另外 19% 的富人收入囊中。人口数量占绝对优势的 80% 的"穷人"仅拥有世界上 5.5% 的财富，人均财富 3851 美元，相当于富人平均财富的 1/700。

财富逐渐向富人集中，表明资本收入在财富分配中的占比远远超过劳动收入。

皮克迪的《二十一世纪资本论》一书，通过对自 18 世纪工业革命至今 300 来年的财富分配数据进行分析，发现投资回报平均维持在每年 4%~5%，而国内生产总值平均每年增长 1%~2%。5% 的投资回报率意味着每 14 年财富就能翻番，而 2% 的经济增长意味着每 35 年国内生产总值才能翻番。在 100 年的时间里，有资本的人财富翻了七番，是 100 年前的 128 倍，而整体经济规模只是 100 年前的 8 倍。虽然有资本和没有资本的人都变得更加富有，但是贫富差距却变得越来越大。

皮克迪认为，因为资本回报率几乎总是高于经济增长率，所以贫富差距是资本主义的固有现象——不加制约的资本主义导致了财富不平等的加剧，自由市场经济不能解决财富分配不平等的问题。他由此预测，发达国家的贫富差距将会继续扩大。而他给出的解决办法是，通过民主制度制约资本主义，征收全球性财富税。他认为，只有这样才能有效减少财富不平等现象。

然而，这看似确凿无疑的数据和分析之间存在着严重的逻辑谬误。

收入差距扩大的真正原因

皮克迪的"发现"建立在大量数据计算的基础之上。可是，对于数据产生的制度基础，他并没有给予应有的关注。简而言之，这样的数据到底是产生于自由市场经济，还是产生于被破坏了的市场经济，他却完全忽略了。这才是一个根本性的问题。

为了更好地理解收入分配的变化趋势及其影响，我们或许还需要了解那些获得最高收入的1%的人口究竟是谁。美国的一项调查显示，这1%的人口中约有1/3是企业高管，近1/4是医生或律师。但是自20世纪70年代以来，最大的变化体现在金融专业人士的占比上。在这1%的人口中，他们的比例已从8%上升至14%。不久前，《金融时报》也发表了《经济金融化加剧不平等》一文，指出金融业的发展以及高管薪酬的爆炸式增长是贫富差距加大的两个关键因素。

为什么富人的财富像滚雪球一样越来越多？这些数据给出了一些线索。

自20世纪70年代初开始，国际货币体系走向信用货币和浮动汇率制度，失去了货币纪律的约束，世界经济从此走向了货币超发和通货膨胀的时代。超发的货币在开始时会导致商品和劳务价格上涨，然而随着进一步的超发，货币就主要流向资产市场，导致资产价格泡沫化以及经济虚拟化。到今天，虚拟经济规模已是实体经济的几十倍，而房地产、黄金、艺术品以及石油、粮食、铁矿石等大宗商品早已不再是普通的商品，而是资本化了的商品。

资本收入比和资本所得份额之所以会同时上升，原因就在这里。很显然，当资产泡沫化、虚拟经济过度膨胀的时候，能够获取资产泡沫化收益的只能是资本，而绝不会是劳动。

20 世纪 70 年代以前，为什么资本收入占比和资本所得份额也同时上升呢？这是因为，在资本、劳动的两要素模型中，假设技术给定，那么就有一个最优的要素配比。在达到那个最优配比之前，相对稀缺的要素的边际产量是递增的，而相对丰裕的要素的边际产量则是递减的。

关于这一点，让我用中国经济高速增长然而劳动收入占比下降的例子来说明。由于人口众多，特别是农民工几乎是无限供给，工业化一定是资本的边际生产率更快提高的过程。比如，过去经济创造了 4 块钱的价值，其中 1 块钱由劳动创造，3 块钱由资本创造；现在经济创造了 9 块钱的价值，其中 2 块钱由劳动创造，7 块钱由资本创造。劳动生产率在提高，工资收入虽然也在提高，但是劳动收入占比却是下降的。在经济增长的初期，提高更快的是资本的生产率和资本的收入。这就是外资大规模流入中国的原因。

导致劳动收入占比下降的另一个原因是资源产权没有界定给个人。产权不能清晰界定给个人的后果是资源在本质上为政府等所拥有。这必然导致收入差距的扩大。

在存在庞大剩余劳动力的情况下，经济增长而劳动收入占比下降是正常现象；在剩余劳动力消失之后，劳动收入占比下降是货币超发、资产泡沫化以及产权不清晰的表现。

解决之道

只有弄清了导致收入差距扩大的真正原因，才可能找到正确的解决办法。

靠强化工会的力量，可以增加劳动收入占比、降低收入分配不平等程度吗？可以。不过，这是以牺牲经济的长期增长为代价的。从长期来看，这并不能保证劳动收入增长。

靠征"富人税"补贴穷人，可以降低收入分配不平等程度吗？也可以。不过，这同样是以牺牲经济的长期增长为代价的。从长期来看，这也不能保证劳动收入增长。

市场经济是交易经济，交易的结果一定是双方都获益。在市场经济条件下，挣钱的不二法门是让他人也赚到钱。在市场经济制度条件下，幸运的人可能成为巨富，但整体的两极分化概率为零。在市场经济制度下，少部分的巨富不但不会带来社会冲突，反而会被民众视为英雄和榜样。

资本积累是增加劳动收入的重要途径之一。改革开放以来，中国农民工的收入有了大幅度提高。这并不是靠强化工会力量，更不是靠征"富人税"补贴穷人带来的。尽管劳动收入的增长速度还赶不上资本收入的增长速度，但是只要不滥发货币，产权又有保障，那么当资本积累到一定程度时，劳动的边际产量增长速度就会超过资本的边际产量增长速度，二者差距最终会缩小。

显而易见，皮克迪关注的只是结果的平等。他并没有不关注如何促进增长，也不认为它能解决更广泛的分配不公问题。最大化社会总体财富，增强经济自由，寻找最有可能的机会平等，保障最贫困人群的福利，诸如此类的备选项，他是很少提及的。

解决收入差距扩大的正确办法是：把产权清晰界定给个人，推行法治，强化经济自由，同时约束货币发行。市场以私有产权为前提，市场经济的本质是契约经济，需要法治保驾护航。无论是产权没有清晰界定给个人，还是法制不完善、货币超发，都是对自由市场的破坏。

如果没有对自由市场的破坏，经济发展最终会逐渐缩小社会不同阶层之间的不平等差距。

我们必须牢记：人人自食其力的社会才是好社会，社会救助应该仅限于没有劳动能力的人，并且不能造成养懒汉的后果。且记：市场不仅能解决效率问题，也能解决公平问题。

2015 年 9 月

从沈阳和上海的出租车看南北差距

近日，去了一趟上海。这是我第一次去上海。

总体感觉，上海人的时间观念比沈阳人强。上海人总有紧迫感，沈阳人就没有那么明显。在上海，我受到同学、朋友的热情接待。走的时候，我很想请大家吃顿饭答谢一下，但看到同学、朋友那样紧张忙碌的情形，不忍打扰，就放弃了——等他们来沈阳时再答谢吧！在沈阳，请人吃饭是不会有心理负担的。

上海和沈阳，一南一北，差异真是巨大。让我先从出租车说起吧。

上海的出租车，因为公司不同，所以车的颜色也不同。比如，"大众"是天蓝色，"强生"是橙色，"巴士"是绿色，"农工商"是深蓝色，"锦江"是白色……而沈阳的出租车则是清一色的红色，看不出是哪家公司的。要知道，如果不同公司的车在外观上区分不明显，那么彼此之间就会存在强烈的外部性：我的公司努力改进服务，但由于乘客难做区分，你的公司就可以免费享受到我公司服务改善的好处；你的公司服务质量差，但乘客同样难作区分，我的公司却得承担你的公司服务质量差的后果。沈阳的出租车彼此不做明显的区分，结果怎样呢？不言而喻，一定是谁也没有激励去改进服务，出租车市场最终会锁定在低质量服务水平上。

我可以明显地感受到，上海出租车服务水平远远高于沈阳。例如：他们的出租车每天都要换洗座套；乘客一上车，报话机就热情洋溢地欢迎你；下车时，司机主动打出发票，报话机也及时提醒你拿好发票并致谢。据当地朋友说，司机不可以绕道；就算因为堵车要绕道，也要事先征得乘客的同意，否则，乘客就可以投诉司机。

这是出租车行业应有的规范。其实做到这些并不难，但沈阳就做不到。朋友讲，上海的出租车服务质量好是政府严格管制的结果。但我不这样看。没有政府管制，上海的出租车服务质量就一定会差吗？

在上海，朋友告诉我，打车一定要打"大众""锦江"等几家大公司的车。我也特意问出租车司机："为什么要用颜色将自己公司的车与别的公司的车区分开来？"司机的回答很干脆："这是自己的品牌呀！"上海的出租车，行为的外部性通过颜色的区分很好地内在化了。因此，上海的出租车就算没有政府的严格管制，服务质量也不会差到哪里去的。

按说，公司是有激励将自己公司的车与别的公司的车相区分的。但为什么沈阳没有这样做呢？我当时想：这一定是政府干预的结果——可能是政府要求整齐美观的缘故吧。这只是一个假设，但这个假设是可以被检验的。我知道，沈阳出租车的车型就是政府选定的。

这个假设意味着，就一些事情来讲，政府干预不仅没有降低反而增加了交易费用。经济理论和经济实践都表明，市场是发展经济最有效的手段，但市场运行是有费用的，这个费用就是交易费用。因此东北老工业基地的问题，首先不是产业结构的问题，也不是优惠政策的问题，而是政府本身的问题——政府没能使经济的交易费用降下来。用高小勇的话说，就是政府没有使市场便宜下来。

不错，深圳等沿海地区的崛起得益于中央政策的倾斜。但我们要知道，那些倾斜的政策乃是在计划经济时代给予它们搞市场经济的许可。可是今天，我们已经确立了建立社会主义市场经济体制的目标，在搞市场经济这一点上，大家都是在同一条起跑线上。那么，还有什么优惠政策可要吗？要来项目又怎样呢？只有项目是不行的。不降低交易费用，要来的项目是不可能成功的。反过来，把交易费用降下来，项目就会不请自到。东南沿海地区资本大量集聚，这也许与其大力引进资本有关系。但辽宁也是沿海的呀！辽宁也在大力引进资本，但就是没有多少资本集聚。辽宁离日本、韩国很近吧？但辽宁却不是日资和韩资最大的投资地区！

出租车事小，但折射了东北老工业基地的大问题。

回到沈阳，我开始特别关注出租车的颜色。原来，耐心找寻，偶尔也可以看到别的颜色的出租车。这就奇怪了：单一的红颜色可以理解，各种颜色平分秋色也可以理解，但基本上都是红色，极少的车又用别的颜色就耐人寻味了。

我不得不求解于出租车司机。原来，早先出租车公司都是国有的，国有公司不做品牌，而红色又有喜庆吉祥的含义，所以大家都买红色的车。后来，私人可以经营出租车了，但因为必须有五十辆车才可以成立公司，所以多是个人买车挂靠公司跑出租。个人的出租车因为数量少是没有激励以颜色相区分的。况且，那时的私家车没有现在这么多，也没有专门的婚庆公司，出租车当婚车用的很多。结婚的人愿意用红车，于是大家就都买红色的车。但现在不一样了：一是有了私人出租车公司，二是一些国有出租车公司也承包给个人了。私人出租车公司要做品牌，要将自己与别人相区分，于是近几年就有一些别的颜色的车了。随着私家车的普及，也由于婚庆公司的出现，现在结婚用出租车的少了，所以个人买出租车也不一定选红色了。

这是不是庇古所讲的市场失灵呢？

庇古讲市场失灵，但奈特不同意。奈特说那不是市场的失灵，那是因为权利没有被界定清楚。是的，产权明晰是市场的前提。这也是科斯定理的含义。我们讲交易费用高，那么市场就不能良好地运行。只要交易费用高，任何经济制度都不可能良好地运行。传统计划经济体制就是被高交易费用拉下马来的！

产权和交易费用可不是两回事，而是同一问题的两个方面。明晰的产权最重要的经济功能就是节约交易费用。我们的老工业基地国有经济所占比重高，经济的交易费用怎会不高呢？交易费用降不下来，老工业基地的振兴又从何谈起呢？

再说上海和沈阳两地别的差异吧。

在上海交大安泰管理学院，对求职人员的初步考查是由系主任去做的。在上海财大经济学院，你求职找院长，院长是不接待你的，办公室有专门的老师负责初步的筛选。经过了初选，院长再决定是否给你试讲的机会。在上海大学悉尼工商学院，对很多的日常事务，院长助理就可以决定。但在东北，这些似乎是不可思议的。很多事情，院长都要亲力亲为。就是由别人去做，也要事事请示。这种差异反映了什么？我认为，反映的是院长做行政事务的成本不一样：上海的院长做行政工作的成本高，而东北的院长做行政工作的成本低。在直觉上，上海的院长在学术和社会活动上投入的精力要多一些，而东北的院长相对就要少一些。这背后反映了什么呢？反映的是南北方用人机制的差异。

在上海，朋友讲到沈阳的"野蛮拆迁"。是的，他们用的词语是"野蛮拆迁"。他们讲："这样的政府，给企业优惠又能怎样？政策明天说变就变，企业还是不敢去投资的。"这些朋友可不是学经济学的，这道理也不是从教科书上学来的！

拆迁本来是要改善投资环境，结果反而影响了投资环境。所以我总是讲，振兴东北老工业基地，重心应该是深化内部改革。

从上海归来，接机的朋友问我："沈阳与上海相差多少年？""十年！"我说得不为过吧？我还说："南北差距还会进一步拉大的！"

2004 年 8 月

"开门红迷信"的经济学含义

在加州帕罗奥多市，有一家非常出名的海鲜餐馆，但是消费者不能预约座位，只能排队等候入座。街对面有一家类似的海鲜餐馆，其菜价稍微贵些，里面总有许多空座位。

为什么人们不去街对面那家餐馆呢？为什么这家排长队的餐馆不提高价格？难道配给制比价格竞争更加有效率吗？

贝克尔的解释是：个体消费者对某一商品的需求量，除了与该商品的市场价格、社会对该商品的总需求量有关，还与该商品的市场供求差距有关。社会因素在真实世界里起很大作用，个体经济行为深受群体行为的影响。

这是从汪丁丁教授的《需求曲线与苹果定理》一文中读到的故事。读后，我萌发了检验贝克尔的这一解释和亲自解释这一现象的强烈愿望。恰好，我的身边有两个绝好的例子。

我家附近有个胡同，进胡同就可以看到两家专门卖奶制品的小店，紧挨在一起。它们不在店内销售，而是在店前的街上摆摊销售。

这两个店的摊位紧挨在一起，不知底的，会以为是同一家。两家货物构成完全一样：摊上有各种品牌的鲜牛奶和酸牛奶，以及冰淇淋等别的奶制品。两家生意都很红火，下班时间顾客需要排队购买。当然，所谓排队，不是排长队，无非场面拥挤一点，要等两三个人的工夫。这个时候，店方常常增加人手。

后来街对面开了两家小店，也专卖牛奶制品，同样的经营模式。只是这两家小店分散着，相距十来步远。可是，这里生意却相当冷清。

沿着这条胡同继续前行，右拐进入另一个胡同，就是一个菜市了。在菜市的另一头，有一个海鲜餐馆，生意好得不得了，常常没有位子。后来，在这家餐馆的隔壁，也开了一家海鲜餐馆。一墙之隔，生意却是天壤之别。

有这样的好题目，又有这样绝好的例子，我决定亲自去买牛奶，并分别去那两家餐馆尝一尝，做一番调查研究。

为了牛奶店的调查，我询问了二十位牛奶购买者。我的问题如下："同志，请原谅！我是学习经济学的，想做一个调查。请您回答一个问题好吗？这里和对面卖的品牌种类一样，您为什么不去对面买，而要在这里排队买呢？"在二十个人中，有八人回答说："我一直在这里买，信得过！"有四人回答说："大家都在这里买，可能这里质量更信得过吧！"有四人回答说："牛奶嘛，要的是新鲜。这里卖得快，牛奶新鲜。"有三人回答说："没想过。大家都在这里买呀！"还有一个人不等我把问题说完，甩了句"真是书生气",就调头买牛奶去了。

对海鲜餐馆调查的那天是星期五。老婆下班刚进门,我就迫不及待地说:"老婆,请你吃海鲜大排档怎么样?"自不需说,老婆很高兴——又可以不做晚饭了!于是我们两口子来到菜市。首先经过的是那家生意冷清的海鲜餐馆,服务员老远就迎客了。我说:"在这家吃吧!"老婆不答应"还是到前面那家吃吧!前面那家生意好,卖得快,自然新鲜。海鲜要的就是新鲜。"哈哈,这是从我这里偷去的话!我向老婆低语一番,说明来意,于是双双进了这家餐馆。

店里只有两桌客人,空着七桌。点完菜,没等我向那两桌客人提问题,菜已经上来了——到底是人少,菜上得也快。菜的味道是比隔壁差点儿,但也不错。不过这是与记忆相比较,可能是心理作用。对于我的问题,一桌客人回答说:"没多想,顺路就进来了。"另一桌客人回答说:"隔壁人多,懒得等。"在我们吃饭的过程中,又来了一桌客人。他们的回答是:"隔壁没座了。"

两天后,我们又去了那家生意红火的海鲜餐馆。餐馆的人气还是那么旺盛,刚好还有一张小桌。我们要了同样的菜。等菜的时间自然要比隔壁长一些,但上菜的速度也是很快的。吃了菜,我说:"这菜不比隔壁的新鲜呀!"老婆回答得妙:"是不怎么新鲜,不如从前。也可能是凑巧,这拨儿货不好呗!"我询问了其余的九桌客人。有三桌回答说:"以前吃过,挺满意。"有两桌回答说:"他家生意好,卖得快,新鲜。"有两桌回答说:"他家人多,说明菜做得好。"有一桌回答说："我跟老板熟，所以来这里吃。"还有一桌回答说："没多想，就来了。"

看来，牛奶购买者和食客都非常清楚人气的含义。人气意味着货物新鲜、质量好，为此排队，值！店家也清楚人们根据人气会形成怎样的预期，以及这样的预期对他意味着什么。他希望有这样的火爆场面，当然不能提价。

每每新店开张，都要搞一番促销活动。这里面有着深刻的含义，所以开门红的背后不是迷信。

看来，贝克尔对于"个体经济行为深受'群体行为'的影响"的解释虽然没有问题，但是有必要对其中的道理做进一步的说明。

我猜想：如果这家餐馆不是海鲜餐馆，而是一般的餐馆，如果小店卖的不是牛奶，而是别的商品，人们对鲜没有特别的要求，那么排队购买就不会发生；或者，如果货物质量等信息在交易双方之间是对称的，那么排队购买也不会发生；即使店方不提价，也会选择扩大规模或者开分店。

那两家冷清的牛奶店和那家冷清的海鲜餐馆应该怎么办呢？它们应该打出条幅，公开对产品质量和服务质量做出承诺，并宣布由于自己开业不久，在既定的时间内实行优惠酬宾，提高人气。那两家冷清的牛奶店还应该凑在一起经营。我准备将这一想法告知这三家店主，等三个月后，我再去看结果。

2002 年 8 月

条条大路通罗马

如今，三个月快过去了，牛奶店和海鲜餐馆的经营情况怎样了呢？

因为忙于毕业论文，这三个月我几乎淡忘了这件事。后来看到北京刘广灵先生在《经济学消息报》上的文章。为感谢刘先生所做的更为细致深刻的分析，也为了满足刘先生对于实验结果的期待，我对实验结果做了一番考察。

那家冷清的海鲜餐馆果真打出条幅，优惠酬宾：餐费八折（不含酒水费用）；如果打折后的消费金额超过一百元，还送顾客半斤基围虾。那家生意火爆的餐馆则"外甥打灯笼——照旧（舅）"。结果不难理解，现在两家餐馆生意都很好，因为前者分得了后者一部分食客，又招徕了一些新食客。

然而，牛奶店的变化就有趣多了。那两家生意冷清的牛奶店并没有简单地采取优惠酬宾的策略，而是搞起了品牌专卖。其中一家专卖辉山品牌，另一家专卖科尔沁品牌。原来那两家生意火爆的牛奶店，现在也搞起了优惠酬宾，但继续卖各种品牌。不言自明，前者生意大有改进；后者呢，排队购买消失了，但销售结构起了一些变化。

起点都一样，怎么就进化出了两种商业模式呢？这个现象很有趣，也很引人深思。我决定探个究竟，就与那家专卖辉山牌牛奶的老板聊起来。

老板五十来岁，如今一扫脸上愁云，向我娓娓道来："当时，妻子下岗在家，看到街对面的牛奶店生意火爆，就决定利用自家一楼临街的房子，也开一个牛奶店。可是，没想到生意非常冷清。看人家热闹红火，自家却门可罗雀，叹自己财运不济、时运不佳。后来听你一讲，觉得很有道理。但是牛奶本身让利空间不大，又怕自己让利后别人也跟着让利。正犹豫时，信尔乳业在对面（生意火爆的一家）搞促销活动，于是灵机一动，就与辉山销售方联系，希望专卖其产品。厂方也同意让利销售。这样，我专卖一个品牌，又有了厂方的支持，周转就快了，生意也逐渐好起来了。他家（生意冷清的另一家）看我这样做生意有起色，就仿效着专做科尔沁品牌。"临别，他还一定要送我一箱牛奶。

我没有要牛奶。这个调查让我了解了真实世界，又从《经济学消息报》那里挣得了稿费，已经有非常多的收获了。

如果没有信尔乳业品牌促销的偶然事件，结果会怎样呢？我想，结果还会是这样。当然，谁卖辉山，谁卖科尔沁，不一定像现在这样分工。长期的均衡，断不会如我当初所预想的简单的让利销售，顾客均分。食客来餐馆消费，一次要吃几样菜。在都是经营海鲜餐饮，又在同一地点的局限下，必然会趋同，市场一分为二。牛奶购买者一次只消费一个品种，在新鲜和同一地点的局限下，必然是趋异，各卖一个品牌。这应该是一个不错的解释。

然而，如果说后来牛奶店趋异是合理的，当初两家牛奶店趋同为何又可以相安无事？这可能要由餐馆和牛奶店的规模和数量来决定。这问题并不简单，就不在这里细说了。

卖牛奶，局限条件并不复杂，然而我却没能准确预测。对于更复杂的经济现象，又有什么把握能预测准确呢？也许，真如张五常先生所主张的，我们应该多做一点经济解释，少做一点理性建构和政策主张才是。

2002 年 10 月

大午农场被抢的背后深意

2015 年 8 月 24 日至 27 日，保定市高阳县大午农产品公司 20 多公顷梨园遭到高阳县邢南镇斗洼村几百名村民的破坏，砖墙被推倒，几万公斤梨被哄抢。

据大午公司方面反映，2003 年一个名叫张常根的人承包了高阳县邢南镇斗洼村 44 公顷土地，用来种梨。因资金不足等原因，张常根无力继续经营，于是引入大午集团资金。经斗洼村两委班子同意，大午集团注资 1200 万元，占股 80%，张常根占股 20%。大午集团在原合同的基础上提高地租，和斗洼村又续签了 20 年的延期承包合同，主要是增加投资，搞养殖场和农产品开发等项目。2013 年 10 月大午集团接手经营，并向高阳县有关部门递交了养殖场和农产品开发等立项报告。同时为了让斗洼村民了解大午集团，由村两委班子组织了 40 多名村民代表到大午集团参观。然而，当 2014 年大午集团开始投资养鸡场项目的时候，却遭到村民阻挠，发生了堵大门、堵公路等事件，一直持续了几个月。村民的理由主要有两个：其一，每个人分的承包地少；其二，与大午集团签的延期20年的合同没有经过村民代表同意。在邢南镇政府的主持下，大午集团、张常根、斗洼村委会三方取消了延期承包合同，维持原有的20年承包合同。但没想到，到2015年春天，斗洼村民又开始在大午公司的承包地里抢种杨树2800棵，抢种春玉米20多公顷。到8月下旬，又发生了斗洼村民抢梨事件。

哄抢事件引发网络热议，人们纷纷谴责村民没有契约精神。村民的行为当然要受到谴责。无论怎么讲，哄抢行为肯定是不对的。然而，我更想探讨的是：村民为什么没有契约精神呢？

须知，契约的前提是产权明晰。在一个产权不明晰，或者产权不能得到严格保护的社会里，怎么能够奢望有契约精神呢？你能够指望那些哄抢车祸车主梨子的村民有契约精神吗？事件背后，我们看到的是缺乏契约精神，却不知其根本原因是产权不明晰或者产权缺乏保障。

一个有趣的现象是：当处在大集体的时候，山坡是光秃秃的，因为大家都在偷偷砍树；而当山坡分给个人的时候，偷砍树的事情就很少发生了，因为主人有保护自己财产的积极性。集体资产是无主资产，有便宜白占谁不占？从大集体生产过来的人，有哪个敢拍着胸口说自己没有占过集体的便宜？反正我小时候偷过队里的红薯，拔过队里的花生，砍过集体坡上的树。

习惯成自然。这就是连车祸后车主的梨子也被人哄抢的原因。

　　哄抢发生的原因还包括哄抢的成本低。村民并不是不知道车祸车主的苹果产权是谁的，但是如果抢了并不会受到法律的严惩，那么哄抢的事就很难被杜绝。这是司法不彰的外在表现。

　　然而，大午农场被哄抢可能还有更复杂的一面。农村土地是集体产权，大午集团应该是与村委会签订的租赁协议。可是集体的土地之前以承包经营权的方式承包给了农民，那么在大午集团与村委会签订租赁协议的时候，村委会是否与村民解除了承包合同？或者是否经过了每个村民的同意而后转租给大午集团？从大午集团反映的情况看，应该是经过了村民代表的同意。如果村民代表的产生符合法律程序，不存在异议，那么问题可以通过法律途径解决。但如果不是这样，问题就更复杂了。这就给争议留下了空间，也给法律介入带来一定的难度。

　　我不是法律专家，无意评论法律方面的问题。但作为经济学者，我想说，如果产权是明晰的，那么因产权模糊而起的争议本来是可以避免的。要完成同样的招商引资，在产权明晰条件下要经过每户农民的同意，集体产权条件下最终也要经过每户农民的同意。然而，集体产权条件下还多出了村委会这样一个环节。这对经济发展到底是有利还是不利？

　　如果租赁协议是基于明晰的产权签订的，那么法律可以严格按照协议来裁决执行。但现在的问题是，协议是基于集体产权与村委会签订的。一般来说，这样的协议很难做到一点模糊地带也没有。

一边是公司要保护自身财产安全，一边是村民要活命。在这种情况下，即使大午公司更加在理合法，政府会怎么办？法律又该怎么办？真的没有好解！

就算法律判定村民违法，但是当生存都困难的时候，违法的成本也就低了。今后如果村民时不时地做出一些破坏公司产权的事，比如说不去哄抢了，而是在夜深人静时把围墙打个洞，去偷一点东西，又该怎么办？法律的判决是一回事，执行却是另一回事。执行要受成本约束。法律判决的执行成本如果太高，是很难得到真正执行的。这样，公司的财产安全就无法得到根本保证。

大午农场被哄抢，意味着产权没有清晰界定的恶果正在显现。

2015 年 8 月

第三产业是经济发展的结果而不是原因

在经验上，我们观察到经济越发达，第三产业在经济中的比重就会越高。鉴于此，不少城市把发展现代服务业作为自己的定位。不能说这些城市的做法不对。不过在宏观层面上还是有必要重新思考经济发展与第三产业之间的因果关系。

不可否认，第二产业是经济发展的原因。因为第一产业受到自然条件的约束，生产率不可能大幅度提高。第二产业则不同，由于摆脱了自然条件的约束，其生产率就有了广阔的提升空间。所以，经济持续高速发展的历史正是工业化和城市化持续高速发展的历史。

也不可否认，第三产业的发展有利于第二产业和第一产业的深化和进一步发展。在这个意义上，我们可以说第三产业是经济进一步发展的推动力和原因。但是总体来讲，第三产业是经济发展的结果还是原因，需要重新思考。

我喜欢通过简单事例来看复杂的问题，喜欢在极端中思考一般，因为这样可以使我的思考避免其他因素的干扰而变得更加纯粹。例如，年轻的时候，我做家务、擦鞋等都是亲力亲为。但是今天不一样：我请了专门的人来做家务，到街上请专门的人擦鞋。没有什么别的原因，完全是收入提高的缘故。

这当然是一般的服务了。高级一点的服务，自己也是有所涉及的，比如银行的信用卡服务。我在想：假如回到我过去的收入水平，银行还会提供给我信用卡服务吗？就算银行愿意提供，我愿意接受这样的服务吗？我自认为不会的。所以我朴素地认为，是制造业的高生产率产生的高收入带来了对服务业的需求，产业结构的升级过程主要是经济自然发展的过程。

单纯地看某个发达国家，第三产业可以脱离第二产业的基础而成为支柱产业；单纯地看某个欠发达国家，第三产业也可以脱离第二产业的基础而成为支柱产业。但是从全球经济的封闭体来看，第三产业一定是以第二产业为基础的。单纯地看某个城市，第三产业可以离开第二产业的基础而成为支柱产业。但是从整个国家的封闭体来看，第三产业一定是以第二产业为基础的。若干年后，服务业可能会变成封闭的全球经济体的主体。但这一定是工业化的结果，高速发展的工业化时期必定是产业演化的必经阶段。

在中国这样一个拥有13亿人口的大国，重视发展服务业没有错，捕捉经济全球化条件下的跨越式发展机遇也可以理解。但是，我们不可以忽视制造业在这样一个国家的基础地位。况且，服务业生产和交易的是无形的劳务。正因为其交易对象的无形性质，它对于微观企业制度和宏观交易环境的要求就高得多，不像有形的商品的生产和交易，相关的要求要低得多。我们如果还没有经历制造业的洗礼，怎么能有把握搞好服务业？

2008 年 6 月

科技公司高管的高薪之争

据网易科技公司 2014 年 6 月 10 日消息，脸书公司董事会主席马克·扎克伯格允许董事们为自己设定年薪和奖励的行为，引起了投资者的不满。投资者因此对扎克伯格提起了诉讼。脸书公司目前的股价为 63 美元，公司设置的董事薪酬年度上限为 250 万股，薪水上限达到人均 1.45 亿美元。诉讼文件指出，首席运营官和董事会成员桑德伯格的薪酬为 1610 万美元，其中包括 1500 万美元的股票奖励，而身家为 26 亿美元的董事会成员彼得·泰尔收到了 387874 美元的股票奖励。2013 年，脸书公司董事会向非雇佣董事支付的平均年薪为 46.1 万美元，比业内同行的平均薪酬水平高 43%。投资人认为管理层报酬太高，这是在浪费公司资产。

与所有者、经营者合二为一的老式企业相比较，现代企业由于所有权和经营权存在一定程度的分离，无可避免地产生代理问题。简单地说，就是股东（委托人）希望利润最大化，经营者（代理人）希望自己的工资津贴和闲暇最大化；两者目标不完全一致，从而出现经营者损害股东利益的情况。不过，由于有所有者的激励与约束——根据企业经营绩效给予激励，并进行必要的监督，同时有经理市场、资本市场的竞争约束，这个问题在今天应该说并不是很严重。

当今上市公司是典型的大众公司，股东众多，拥有百分之十几、二十几的股份就可能是大股东了。代理问题又表现为大股东侵占小股东利益，其中一个重要表现形式，就是向董事或者控股股东担任的高管支付不合理的高额报酬和福利。

大股东一定会侵占小股东的利益吗？如果股权集中程度高，那么这个问题就不会发生。大股东股份多，会花时间和精力监督公司管理层，小股东反而搭了顺风车。这个道理不难理解。好比村里有大户人家需要宽一些的路，他就把路拓宽，其他乡民也跟着享用了宽敞的大道。如果股权分散，那么大股东侵占小股东利益的问题就可能发生。

但这并不需要第三方力量（如法律）对股权结构做出限制。只要产权明晰，企业可以自由上市，资本项目又没有管制（投资者可以到别的市场投资），那么大股东便不能过度侵占小股东的利益。大股东会受到小股东用脚投票的约束。

然而，如果所有公司都股权分散，那么小股东就会没有选择的余地，大股东和其他高管侵占小股东利益的问题就会十分严重。由于国有股东并非真正意义上的股东，中国公司的股权其实十分分散，加之资本项目和企业上市受到管制，投资者没有别的选择，大股东和其他高管侵犯小股东利益的事情极其严重。

在这个意义上，中国企业高管在薪酬上和外国企业攀比是没有道理的。有的首席执行官年薪过亿元，几倍于苹果公司首席执行官，无疑是在严重侵占小股东的利益。

买股票是买企业未来的变化，而未来变化最大的就是成长中的科技公司。优秀的成长型科技公司最容易受市场的追捧而使股价上涨。如果公司选择用股票作为员工的薪酬，那么就有很强的激励。成熟公司则不一样，尽管利润不错，但未来变化不大，股票便不容易再走高。因此，成长型科技公司薪酬很难不超过成熟公司。例如，仅仅两三年前加入脸书公司的工程师就可能已经赚了上千万美元。

这使得人才纷纷流向成长型科技公司。例如，脸书公司各个部门有多位来自谷歌公司的人，不但技术人员来自谷歌公司，首席运营官、公关、首席技术官、人事部门都来自谷歌公司。大家可以想象，当你的人事部门总监和好多经理都来自同一个公司，你要挖那个公司的人，或者判断谁值得挖，那不是手拿把掐的事情吗？谷歌公司也出过天价来挽留这些人，但一般也只能加个两三倍价，薪酬还是比脸书公司给的低。其实，早期谷歌公司也一样能高薪吸引人才，只是现在成为成熟公司，不可能再做得到了。

高科技领域新公司不断涌现，新的顶尖公司不断在换。在高科技领域，大公司或许可以存活百年，但必然无法连续跨代领跑。因此，微软公司革了国际商业机器公司的命，谷歌公司革了微软公司的命，脸书公司革了谷歌公司的命，未来必然有公司再革脸书公司的命。结果是悲壮的！但这并非坏事，而是市场以一种特有的方式鼓励创新！

在这个意义上，优秀成长型科技公司的高管是很难不拿高薪的。

其实，重要的不在于薪酬水平是高还是低，而在于其设计在多大程度上与公司战略和绩效连接起来。研究发现，虽然行业不同，所处的发展阶段不同，薪酬设计不同，但是好企业和其他企业仍然存在明显差异。好企业的保障性薪酬（如固定薪酬、基于服役期限的限制性股票）非常有限，而将重点放在了风险性薪酬上（如年度奖金、股票期权等）。具体来说，好企业的长期激励比重较大，而其他企业的固定薪酬比重较大，但是浮动奖金基本相同；在长期激励工具组合上，好企业更倾向于使用风险性激励工具（如业绩股票计划、股票期权计划等），而其他企业则更多地使用了基于服役期的限制性股票计划。

董事会不对董事的薪酬和奖励做决定，谁来做这个决定呢？当然，有关决定要经股东大会通过。可是，股东大会上起决定作用的不还是大股东吗？

脸书公司的董事们给自己定的薪酬，重点不在于是否高了，而在于其结构是否具有合理性。小股东们是否满意他们这样做也不重要，重要的是小股东们有没有用脚投票的选择权。全部问题的关键只在于，有没有开放、自由的资本市场。

2014 年 6 月

没有非自愿的长期失业

教科书讲，如果人为把价格控制在低于市场均衡的水平之下，那么需求量会增加，供给量会减少，需求量与供给量之间的差额就是短缺量；如果人为把价格维持在高于市场均衡的水平之上，那么供给量会增加，需求量会减少，供给量与需求量之间的差额就是过剩量。

然而张五常教授并不同意这样的说法，他认为世界上没有"短缺"和"过剩"。之所以有"短缺"和"过剩"之说，是因为我们没有正确地认识价格。

所谓价格，可不只是我们简单看到的名义上用货币标的价格，而是我们要得到某种东西需要支付的真实的代价。一切价格变量都有名义价格和实际价格的双重规定性。你到商店买东西，价签上标的那个数字只是名义价格。实际价格则是包含了非货币价格在内的真实代价。你到商店买东西，支付的真实代价可不只是名义价格，还有乘车的费用以及往返路上和购物过程中的时间价值。后者叫作非货币价格，也是你购物的代价。

没有错，假如真的能够将工资提高到均衡水平之上，那么劳动的供给量会增加，劳动的需求量会减少，就会有"过剩"出现。问题在于，在最低工资法下，高出均衡工资的部分就是租了，那些"过剩"的劳动一定会展开竞争以获取这些租的。为了得到工作机会和获得这些租，排队应聘、请客送礼等非价格竞争就会发生。排队应聘、请客送礼等也是获得工作的代价。假如把这些代价加到名义工资之上，在这总价格（代价）之下，供给量一定是等于需求量的，也就没有所谓的"过剩"了。

必须清楚，我们能够改变的只是货币价格和名义工资，改变不了真实价格和实际工资，至少不可能完全改变真实价格和实际工资。你把名义工资提高到均衡水平之上，表面上工人得到了更高的工资收入，但实际上并不是这样。价格控制产生的是非货币价格对于货币价格的替代，而且这种替代一般伴随着总福利的下降。

在价格管制之下，我们当然会看到排队购买以及与之相联系的请客送礼、积压滞销、赠送促销等现象。但是，如果我们将排队购买以及请客送礼理解为"短缺"，将积压滞销以及赠送促销理解为"过剩"，那就是浅见了，就没有做到一般化。高明的、一般化的见解是，排队购买以及请客送礼是价格，积压滞销以及赠送促销也都是价格，代表的无非是一种非货币价格支付。

价格的功能之一就是调节供求。既然我们能够控制的只是名义价格，并不能控制真实价格，价格调节供求的机制就总是在发挥作用，那么怎会有"短缺"和"过剩"呢？即使把货币价格固定，非货币价格也会做出调整，直到供给量和需求量达到均衡为止。

没有非自愿的长期失业

理解了上面的道理，那么对失业和"剩女"的概念就会有新的认识。

任何人如果不怕工作粗浅或者愿意接受低工资，不可能找不到工作。所谓失业是指一个人打算工作，但是找不到或者还没有找到满意的工作。一个人打工，被解雇了，找不到薪酬满意的工作，这是非自愿失业，被称为结构性失业。然而这样的失业是短期的，不可能长期存在。人总要吃喝才能活下去，要么降低预期接受低薪酬的工作，要么自己在街边摆个摊，也是就业。所以，不是说没有失业这回事，但在自由市场经济中所有的长期失业都是自愿的。

失业的根本原因是工资的灵活调整受到了限制。失业不是自由市场造成的，而是自由市场被破坏的结果。最低工资法、工会阻碍了工资的向下调整，成为失业产生的重要原因。当然，工资向下调整之所以困难，还与用时间来算工资有关系。当经济不景气或公司的生意失利的时候，老板要削减时间工资，却不好向员工解释是因为他们的贡献价值下降了。尤其是，同样时间工资的员工其本领各不相同，一旦经济或者市场的情况恶化，员工之间不同本领的市值会参差不齐，那么老板要怎样处理才对呢？这种信息费用的存在，使得把时间工资一律下调或这里减、那里增没有说服力，办法就只能是选择性地解雇一部分员工。

事实上，在那些分红、件工合约流行的国家，因为能灵活调整工资，失业问题就不严重。

中国自 1995 年起通胀大降，至 1997 年接近于零，1998~2002 年有通缩。考虑到产品和劳务的质量在同期有很大的提升，当时中国的通缩程度应该远高于表现出来的数字。在上述严重的通缩形势下，中国失业率保持在 4% 左右，国内生产总值保持平均 8% 的高增长率。在严重的通缩形势下，之所以失业率不高、经济高速增长，是因为中国的劳工合约与西方有很大的差别。中国不是件工，而是低底薪加分红。此外，工人要走就走，雇主也可以随时解雇，既没有工会的制约，也没有政府规定的最低工资。一句话，通缩之所以对中国经济没有大影响，得益于中国合约选择的高度自由，得益于中国劳动市场的高弹性。

相反的例子是 20 世纪 30 年代的"大萧条"。弗里德曼认为主要原因是美联储货币政策错误，货币量应加不加，应减不减。张五常则认为主要原因是当时美国工会林立，福利主义大行其道，最低工资不低，重要的件工合约被判为非法。所有这些因素都限制了劳动合约的选择。他的意思是，假如当时美国的劳动市场富有弹性的话，那么就算萧条发生，也不会产生那样大的影响。

这里的含义是，用凯恩斯主义的办法去解决失业，根本就没有把握住问题的本质。如果需求管理没有增加、反而减少了经济的自由度，那么从长远看只会增加失业。靠超发货币、赤字财政扩张需求，短期可以挽救失业，但到了不能继续扩张的时候，更严重的问题一定会爆发。

愚蠢的经济学才说汇率长期失衡

理解了上面的道理，那么对汇率问题也会有不同的认识。

汇率也是价格。如果名义汇率被高估或低估，实际汇率相应地就会得到调整，回归其本来面目。不过汇率不是普通商品的价格，而是货币之价，实际汇率不一定通过非货币价格变化来得到调整。名义汇率被低估，国内工资和物价就会上升，最终实际汇率会得到调整；名义汇率被高估，国内工资和物价就会下降，最终实际汇率也会得到调整。只有在工资和物价被管制的情况下，才会出现非货币价格的调整。20 世纪 80 年代末 90 年代初，由于工资和物价被管制而不能得到灵活调整，中国外汇市场上出现的排队、托关系购买的现象，就是名义汇率被高估后的非货币价格调整的表现。

从逻辑上看，实际汇率短期可能被高估或者低估，但不可能长久如此。当年面试博士生的时候，我还问：随机决定人民币与美元之间的汇率，经济会不会实现均衡？这个问题的答案是：即便随机选定人民币与美元之间的名义汇率，把它固定下来，只要工资和物价能够灵活调整，那么通过工资和物价的传导，实际汇率会回归其本来面目，经济仍然可以达到均衡。

绝不是像教科书和一些经济学家所说的那样，因为国家之间在生产率诸多方面发生了相对变化，所以汇率需要调整。实际汇率也总是在调整，趋于它本来的面目。

当然，当今世界工资并不能完全得到灵活调整。不过，工资弹性有所丧失，物价是可以被自由调整的。产品和要素的跨国流动在加强，而且向上调整和向下调整汇率是不对称的。汇率升值可以守住名义汇率，让工资和物价上升间接做调整，这个相对容易。然而向下调整汇率的时候，要守住名义汇率，让工资和物价做变动来间接调整实际汇率就困难多了。所以实际情况复杂得多。关于这个问题我将在《货币、汇率与中国经济》一书中详细论述。

但无论怎样讲，所谓固定汇率，并不是汇率真的被固定了。固定的只是名义汇率，实际汇率会通过工资和物价变动间接得到调整。所谓浮动汇率，无非是通过调整名义汇率直接调整实际汇率。固定汇率、浮动汇率之说实在有些误导人。汇率制度的本质，并不在于汇率是固定的还是浮动的，而在于是通过调整名义汇率来调整实际汇率（浮动汇率制度），还是通过调整工资和物价来调整实际汇率（固定汇率制度），权衡到底哪一种调整方式的成本更低。

　　由于重要的是实际汇率而不是名义汇率，只要工资和物价能够灵活调整，就算随机确定名义汇率，实际汇率也会达到均衡。因此名义汇率无所谓均衡不均衡，也就无所谓被高估还是被低估。只有工资和物价不能灵活调整，实际汇率必须通过名义汇率来调整的时候，名义汇率才有被高估或低估一说。而由于汇率向上间接调整的路径总是畅通的，因此处在升值通道中的货币不可能长期被低估；处在贬值通道中的货币，由于很可能只能通过名义汇率来调整实际汇率，倒真的可能长期被高估。这是一个极端重要的属性。可惜，我们很多做汇率分析的人，忽视了这一属性。

2015 年 10 月

一只虾折射出的罚款谬误

把一只虾卖到 38 元的青岛老板被罚款 9 万元，许多人拍手称快，仿佛无良老板十恶不赦。这真是天大的误解！此文要细说其中的道理。

怎样才叫宰客？

我首先感兴趣的是：什么叫宰客？怎样才叫作宰客？

买卖自由，只要没有强买强卖、不存在欺诈，卖 380 元一只虾也不能算宰客。

法律上界定什么叫宰客容易，然而实际的认定是大学问。

通常菜是以盘论价或者以斤论价的，并非不可以用只论价，但必须清楚标示。例如，在很多饭店，大虾就有按只卖的，鲍鱼、螃蟹也是按只卖的。但因为按只卖与一般习惯不一样，就必须清楚标示。如果菜单上没有标明是 38 元一只，结账的时候如是说，那就是欺诈。一般羊肉串是以串为单位计价售卖的，卖方当然也可以选择以块计价，那是卖方的自由。然而同样要清楚标示，否则就是宰客。

困难之所在是店家清楚标示了，然而顾客却疏忽了。这种情况下法律该怎么认定呢？如果这道菜一般是以盘论价的，但是你要以只论，那就不只应该清楚标示，顾客点菜时店家还要明确地提示顾客。否则如果顾客疏忽了，还是应该由店家承担责任。店家提醒顾客成本低，也容易做到，而让每一个顾客去甄别虾到底是按只卖还是按盘卖，不仅成本高，也相对容易出错。

好比有一家化工厂，围墙有一个洞，进入有危险，结果小孩进去后受伤死了。责任归谁？怪家长监护不力吗？这个时候，法律要把责任界定给厂方。因为厂方堵这个洞是举手之劳，成本相对低，而让每一个家长看好孩子不往洞里钻，不仅成本相对高，而且也不容易做到。

所以，如果是小虾，一般都是按盘卖的，而你选择按只卖，那么尽管在菜单上标示了，事后发生争议，法律还是要认定店家宰客。但如果点的菜是大虾、螃蟹、鲍鱼，而店家又在菜单上清楚标示了，事后发生争议，法律其实是很难界定责任的。这是因为生活中既有按只卖大虾的习惯，也有按盘或者按斤卖的习惯。

产权很重要

让法律去界定责任不仅麻烦，也很昂贵。任何法律条款都有无法清晰界定责任的灰色地带。换言之，生活中无时无处不存在打擦边球以捞好处的机会。然而，为什么这样的事情并没有经常发生呢？

原因是店家在意声誉——如果坏了名声，以后就没有人再来吃饭了，长远利益就会受损。有的时候，为了长远利益，店家甚至愿意牺牲一点眼前利益。所以，让商家有长远利益的考虑，才可能从根本上解决坑蒙拐骗的问题。商家如何才能有长远利益的考虑呢？让商家拥有饭店的永久产权！

有个故事很能说明问题。据说，有位游客到了台湾，去台北一家小店转悠。她看中了一套漂亮的茶具，折合人民币两百多元。然而店主提醒："虽然这套茶具获得了台湾设计金奖，但是用来喝茶却很烫，请你再考虑一下。"客人放弃这套茶具，又相中了另一套。可是老板摇头："这套不是台湾设计的。我知道你们来台湾，就是要买台湾本地产品。如果买到的不是台湾本地所产，怕你的心情受影响。"游客怒不可遏："你到底想不想做生意？"店主正色道："正因为我认真做生意，才会跟你仔细说。我要做百年老店。卖给你的是你不想买的货，会砸了我的牌子的。"

如此小的店都要做百年店，游客被逗乐了。她再仔细挑选，挑了一套价值千元的精品。她买完后出门来，不禁感叹："这老板真会做生意！他真诚替顾客着想，非但没吃亏，反而赚爆了。"

仅有产权也不够

但是仅有永久产权还不够，声誉机制需要在重复博弈中才能发挥作用。如果客人吃一次饭，从此天各一方，不可能再回来吃第二次，那么店主还是存在宰客的激励。所以，宰客行为经常发生在车站、码头、旅游景点等流动人口多的地方，而很少发生在小区里的商店。

避免宰客的办法，一是加强法治，让宰客行为受到应有的惩罚，二是强化信息传播——虽然一个人一般只会去景点饭店吃一次饭，但是如果宰客的行为能让天下人都知道，那么其他人也就不会去这家饭店吃饭了，这也是一种惩罚。市场经济一定是法治经济。没有法律的惩戒作用，坑蒙拐骗是很难杜绝的。

一个地方偶然发生一次坑蒙拐骗，有可能是个别人发神经，并不能说明什么问题，但如果经常发生的话，那就说明这个地方法治一塌糊涂了。如果顾客受骗后，可以方便地、低成本地向法院提起诉讼，并能够得到公正的判决，那么店主也就不敢宰客了。

所以，我们无须劳神费事地调查一个地方的法治怎么样，看看那里是否经常有宰客骗人的事情发生，就知道这个地方的法治状况如何了。当然，这也是一个地方产权保护状况的反映。

必须强化信息传播，否则声誉机制的作用同样不能得到有效发挥。

古代人嫁女儿为什么要大宴宾客，让人人皆知？就是为了提高男子离婚的成本。要他敲锣打鼓，让乡里乡亲都知道他娶了你的女儿。他要是日后变心，大家就都知道他是个负心郎，就没有人愿意把女儿再嫁给他了。反之，你要是悄悄地、不动声色地把女儿嫁了，那么他也可以悄悄地、不动声色地离婚再娶一个妻子。当然，现代社会是生人社会，这种约束力大大下降了。正因为如此，才需要报纸、电视、电台、网络来协助信息传播，才需要法制来对各方提供履行合约的约束。

如果坑蒙拐骗行为不能得到有效曝光和传播，那么经济社会就会沦为人人骗我、我骗人人的大骗场。

2015 年 10 月

任何人挣钱都是在帮他人挣钱

教授卖书，我不是唯一，但肯定是极少数人之一了。

亲自卖书，第一说明我的书比较受欢迎，第二说明我的名气还不够大、收入还不够高。

不谈这些。谈点卖书的感受吧。

感受最深的，是买书的人有着非常强的地域性。我的书主要卖到了江苏、浙江、上海、广东、北京、天津、四川、湖南等比较富裕的省（市），偏远地区很少有买书的。这使我产生疑问：这些买书的人到底是因为读书而富裕的，还是因为富裕了才读书的呢？这还真不是一个容易回答的问题。

感受深刻的还有，一个人富裕还是贫穷，在很大程度上不是取决于他付出了多少努力，而是取决于他出生在什么地方。我往沈阳寄过部分书，平均每本要比寄到杭州贵2元。同样是寄一本书，为什么寄到杭州要比寄到沈阳便宜2元？唯一的解释是因为杭州商业发达、市场厚。用经济学的术语来说，就是杭州具有规模经济。这再次证明了我反复强调的，任何人挣钱都是在帮助他人挣钱。

因为更多的人投入挣钱的活动中，快递的平均成本下降了；快递的平均成本下降，我才可能加入卖书的行列；我加入卖书的行列，又进一步促使快递的平均成本下降。经济就是这样良性循环的。所以，你看一个地方经济是不是有前途，只需看那里有没有在同一条高速公路上，一会儿限速110公里/小时，一会儿限速100公里/小时。任何给人们行为造成不方便的做法，哪怕看起来微不足道，经过一系列连锁反应，后果其实都非常严重。

我一般都是按照原价卖自己的签名书，且不再另收邮寄费。但是，寄往西藏、新疆、甘肃、宁夏、海南这些地方的书，要额外加收20元的邮费。一本书也就40元左右，居然要另收20元邮费。按需求定理的说法，价格高，需求量少。偏远地区买我书的人很少，可能也与代价大有关系吧？

可以想象，不只是我难以挣偏远地区的人的钱，出于同样的原因，偏远地区的人同样也难以挣其他地区的人的钱。我反对政府向发达地区征税然后去补贴落后地区。正确的做法是放开户籍等制约人口和要素自由流动的各种限制，让人口和要素汇聚到发达地区。

我卖书也有与人不一样的地方。别人一般会先高价卖，然后再打折卖。我则先不加价，卖到后面再逐步加价卖。

我在这里提出一个问题：我原价卖自己的签名书，整体上会促使我的书多卖还是少卖？答案或许是会让我的书少卖。原因是大家到我这里来买原价签名书，会影响我的书在当当、京东上的排名。丧失了那里的阵地，相当于自毁销售网络，当然不利于我的书的销售。看来，为了尽可能多地卖出我的书，我有必要对自己的签名书加价销售了。

还有一个感受：当今买书的人真的不多。需求量小，价格必高。或许在不久的将来，纸质书会成为奢侈品，价高，装帧豪华，不只是用来读的，更多的是用作家中的装饰品、炫耀品。

卖书赚钱吗？进价30元，45元一本卖出，是不是就赚钱了？要看谁卖。如果我卖书一天能挣200元，但是写文章能挣500元，那么卖书肯定是亏本买卖。但如果没有别的选择，卖书就是赚钱的了。成本由替代选择的收益决定，所以任何按摩店都不可能打败盲人按摩店。

既然卖书不赚钱，为什么我还卖呢？答案是：像这两天整天卖书太偶然，平时利用闲暇时间打理，就是赚钱的了。再说，世间最困难的，一是把别人的钱装进自己的口袋，二是把自己的思想装进别人的脑袋。前者非我所长，后者却是我的强项。哥卖的不是书，是思想啊！

2016年11月

关于市场与政府的对话

鲁克：谢教授，你最近在网上很受欢迎。你的粉丝都很喜欢看你的经济学直播，读你的文章，转你的文章。我想替你的粉丝问一下：你受谁的影响比较多？你的知识体系大概是怎样建立起来的？你为什么对经济学这么感兴趣呢？

谢作诗：我学经济学的路子和一般人不一样。我以前一直是学数学的，做过很多年的数学教学和研究。在偶然的机会，我看到了西方经济学的书，一下被打动了，觉得很喜欢。于是，我转行了，开始学经济学。转行也有20世纪90年代下海经商的背景，和那时候经济的热潮有关系。

和别的学生不同，我转行学习经济学的时候，已经是成年人了，而且我还在外面做过一些小买卖。所以，我对世事，包括经济的简单运行，有一个接近现实世界的认识。

在这个背景下，我来学经济学，至少有一点优势：我不会被简单的、书上的、黑板上的经济学那些教条的东西所束缚。刚好在辽大读书的时候，我遇到一个同学，厦门大学来的。他说："张五常的东西，你有兴趣的话，可以了解了解。"所以我刚入学的时候，就接受了张五常的东西。

张五常有什么好的呢？他追求和认可的是，所有的变量可观察、可度量、可验证。他关注真实世界的经济学，所以他的经济学反而简单，有解释力和预测力。

鲁克：现在有很多种流派：米尔顿·弗里德曼的芝加哥学派，现在流行的奥派，还有你教书用的凯恩斯学派，以及你刚才提到的张五常……你是如何对这些学派进行区分的？这些观念的冲突，你是怎么看的？

谢作诗：经济学有很多的流派，基本理念大同小异。不同的流派，看问题的角度是不同的，工具和方法有差异。这很正常。我个人的体会是，一个人不需要懂太多的流派，但一定要懂两个流派。比如说，虽然很多人批评新古典，但我的看法是，不管你认不认同它，都要好好地把它学透，你才能知道它好的地方、它的缺点和局限。如果你只掌握一个体系，你不可能了解它的局限，你必须走出这个体系才行。比如说，我对新古典很熟了，然后走出去，把科斯和张五常的体系玩一遍，回过头来再看看新古典。在两者的比较鉴别中，你不要说哪个体系好，哪个体系不好，而是在比较鉴别中，吸收好的，摈弃掉不好的。掌握两个体系，在两个体系的对比鉴别中提高自己。

我认为这种学习，提高很快。有的人学经济学，只说自己的体系好，排斥别的体系。这种做法是提高不了自己的。

鲁克：很多人把经济学家称为"砖家"，说这些"砖家"为企业家说话；还有人说学经济学没有用，增加不了自己的财富。对于这样一些说法，你怎么看？

谢作诗：经济学可以使人明事，就是明白世界的真相，知道这个世界的本质。说得功利一点，经济学也可以帮我们赚钱。经济学是研究市场规律的一门科学，既能够把握一个人的行为，也能够更好地理解市场。学好经济学怎么可能不赚钱呢？

鲁克：现在很多人因为买股票、投资房产的需要，开始关心经济，有的人也受到经济学家的影响。对于这些刚刚开始学经济学的人，什么才最重要？你能告诉他们一些方法和工具吗？

谢作诗：其实，经济学最重要的内容，是价格、成本等。这些东西，不能只是从理论上学习，还要在生活中应用。但在生活中应用是需要过程的，需要三五年的摸爬滚打。

鲁克：问你一个热点问题。最近，林毅夫和张维迎有一个关于产业政策的辩论。谢教授，您是怎么看这个问题的？

谢作诗：总体上，我肯定认为张维迎是对的。但是当我们把这个问题放在特定的时空中，也不能说林毅夫完全错了。比如在赶超阶段，在信息充分的阶段，我们知道经济向哪个方向好。给定这个前提，以及技术等外生变量给定，那么经济发展就取决于怎么有效地把资源放到更有效的地方去。这时候确实给政府提供了一些空间。所以在赶超阶段，政府适当多做一点事可能有利于经济发展。问题是，有一个动态的不一致。短期的成功对长期发展会造成伤害。当赶超结束的时候，面对前面一片茫然，政府的劣势就出来了，可是想调头已回不来了。

还有，政府是花别人的钱，它没有约束，这就是最大的问题。我们不能假设政府做事和企业家做事一样。企业家做得不对的话，会跳楼的。这有本质的不一样。所以，从根本上和长期来说，我站在张维迎的这一边。你一定要我举个例子的话，我也能找到例子来支持林毅夫的观点。但是，从一般的角度来讲，不能说找到了一个例子，或者在一段时间政府主导经济或者政府适当参与经济成功，就能证明这个道理一般成立。这个我不同意。所以，从总体上说，我是站在张维迎这一边的。

鲁克：那么你是支持政府不要干预市场？

谢作诗：政府不要干预市场。我们经常把政府和市场对立起来，是不对的。市场的对立面是计划，市场和政府不是对立的，而是有机统一的。市场有效运行，恰恰需要政府做一些事情。政府做什么？

有效的产权保护和法治保障。你不可以把政府和市场看成对立面。不是说市场做不了，政府就来做，完全不是，而是政府要给市场提供一些基础性的支持。政府自己要做这些事情，而不是让政府去代替市场做这些事情。

2016 年 5 月

市场的对立面是计划

什么是市场？简单地说，用价格机制来配置资源的制度安排即是市场。

市场运行有两个前提：其一，产权清晰；其二，发现价格、签订合约等费用不能太高。

当市场的前提条件得不到满足时，市场就会不存在。这叫市场缺失。

市场失灵则是指存在市场，价格机制发挥作用了，可是不能达到理想的效果。

不可以把市场缺失与市场失灵混为一谈。任何事物都是有条件的，因此就有可能因为条件不具备而缺失。如果市场缺失也叫市场失灵，那么失灵的概念就没有确指的含义了。

市场可能缺失，但绝对不会失灵，只要其存在且发挥作用，就一定既有效率又公平。当然学界多数人不这样认为。这个问题，三言两语讲不清楚，就不在这里讲了。

人们经常把市场与政府看作是替代关系，这是不准确的。市场和政府不是对立的两个东西，他们是有机统一的。市场有效运行，恰恰需要政府做一些事情。市场的对立面是计划而不是政府。

界定产权是政府的职责之一。政府不是替代市场，而是要为市场创造条件。

政府与私人企业天然有别。

单是这个原因就足以证明，怎么发展产业是私人企业的事，而不是政府应该过问的。而且，政府的钱来自税收。政府投资必然挤出民间投资。

当市场不存在因而无法发挥作用的时候，人们不得不用非市场的办法解决问题。然而，政府只是非市场解决方法之一，不是唯一的替代办法，更不总是最好的替代办法。

市场可能缺失，可是一旦存在且发挥作用了，结果就一定是最优的。

不动脑子的人说，市场能够解决效率问题，但是不能解决公平问题，需要政府进行收入再分配——市场的初次分配解决效率问题，政府的二次分配解决公平问题。

可什么是公平？是起点公平算公平，还是结果公平算公平？起点公平，结果就不能公平；结果公平，起点又不能公平。怎么办？你让我和刘翔从同一起跑线起跑，那么我们不可能同时到达终点。你要我和刘翔同时到达终点，那么我们就不能从同一起跑线起跑。

马云的孩子和我的孩子上一样的学校就公平？这其实是不公平，是对马云的不公平！

一个人做出多少贡献便获得多少报酬才是公平。舍此没有第二个逻辑自洽的公平定义。那么如何知道一个人到底做了多少贡献，又该获得多少回报呢？这正是市场回答的问题，也只有市场才能回答。离开了市场和市价，我们无法知道一个人做出了多少贡献，又该获得多少报酬。总不能认为谁劳动时间长谁贡献就大，也不能认为谁流的汗水多谁贡献就大，更不能认为谁晒的太阳多谁贡献就大。计划经济的困难正在于离开了市场，无法对人的贡献做出客观的评价。如果我们能找到别的办法来评价人的贡献，那么就不需要市场化改革了。

在市场经济中，不能抢、不能偷、不能骗，挣钱只能靠基于自愿的交易。因此一个人挣钱越多，帮助他人也越多。在市场经济中，任何人挣钱都是在帮助他人挣钱。在市场经济中少数人可以大富，但不会导致两极分化，这少部分人反而是大英雄。这正是人们尊敬比尔·盖茨的原因。

从表面上看，在计划经济体制的国家里穷人与富人之间只是一袋地瓜的差距，可那是生与死的差距，有那一袋地瓜就能活命，没有就会死人。在计划体制下，真有人因为两斤地瓜而饿死的。在市场经济中马云拥有百亿美元，我只有那么一点钱，看起来收入差距很大，然而，无非马云吃海参、鲍鱼而我吃鸡蛋、猪肉，马云头坐等舱，我坐经济舱。虽然我瘦，然而马云也不胖；尽管头等舱舒服些，但总归我们同时着地。

市场给你自由，你可以创造财富，但是不能要求财产平等。要求财产平等，那么就不能有自由，不能有法治，人权也不能平等，最终财产权在事实上也不可能平等。这样转一圈回来你会发现，其实只有市场对穷人才是最公平、最好的。计划经济体制的国家不搞市场，对穷人有利吗？

在现实中确实有两极分化的现象，但这不是市场的错，而是破坏市场的错。

市场良好运行还需以货币稳定为前提条件。政府超发货币，引起流动性泛滥、资产泡沫化，可是能够分享泡沫盛宴的只能是富人，而穷人却要承担高房价、高房租的代价。你是否承认，当今中国穷与富的差别不在于你是否努力、是否天赋好，而在于是否在一线城市有一套房子？那么请问：收入分配两极分化到底是市场的错，还是破坏市场的错？

传统上，华尔街大佬是共和党的支持者，可是如今他们却成为希拉里的支持者。他们不支持给他们减税的特朗普，却支持向他们加税的希拉里。大家不觉得奇怪吗？原来希拉里不主张约束货币，而特朗普主张加息约束货币。他们宁肯多交税也不要约束货币，大家想明白了吗？

不要以为在计划经济条件下就没有食品问题，没有食品吃其实是天底下最大的食品问题。

　　我不是说地沟油好。改革开放初期，不法商贩用纸做皮鞋，可是现在市场上还能找到纸做的皮鞋吗？地沟油、假冒伪劣产品不是市场化造成的，而是市场化不彻底造成的，避免的办法是进一步推进市场化改革！

　　基于市场和市价的交易不仅有效率，并且能让各方一致满意。

　　只需把产权清晰界定给个人，至于界定给谁无关紧要。通过市场交易，资源最终会落到最有价值的用途上。餐厅是我的，我不吸烟，而你却烟瘾难耐，只要给我称心的补偿，我就会让你吸烟；反过来，餐厅属于烟鬼，如果我对空气的评价更高，那么我可以出价把空气的使用权买过来，不让他吸烟。两种产权状态，烟雾的产生量有差异吗？科斯说完全没有。

　　由于卖出权利的一方得到了称心的补偿，而支付补偿金的一方也是自愿的，因此双方都满意。

　　市场可能缺失，但不会失灵。好的经济学理解市场如何运行，坏的经济学研究怎么干预市场。

2016 年 11 月

货币稳定才能持久繁荣

在中国古代，北方一些少数民族国家也曾繁荣强大，然而却没有长久的。

为什么会这样？我猜测是因为他们无法建立起健康有效的货币制度。

由于缺少金、银、铜等贵金属，北边的少数民族国家不得不大量使用纸币。例如，宋朝时它们就模仿宋朝使用纸币。可是宋朝的纸币（交子）有贵金属做储备，他们却没有。

丰年时，牛羊成群，货币量不足会出现通货紧缩。这倒也好办，增发货币就是了。然而，当丰年过后遇上灾年，牛羊成片冻死，它们就会因为货币量过多而出现通货膨胀。这时候怎么回收货币呢？由于没有现代银行制度，他们不可能像我们今天这样提高基准利率，或者提高法定准备金率，来回笼货币。他们也不可能像金银本位制那样具有自动调节货币量的能力：当货币量少、货币价值高于实物价值的时候，人们就把首饰等金银实物铸成货币；反之，当货币量多、货币价值低于实物价值的时候，人们又把货币还原成金银首饰等实物。纸币发行容易而收回难。这使得这些国家经常处在通胀、通缩的交替困扰之中。

历史学者发现，统治者频繁进行货币改制，比如以小额新货币换大额旧货币，认为这是统治者腐败敛财。可在帝制时代，"普天之下，莫非王土；率土之滨，莫非王臣"，皇帝有什么理由敛财呢？殊不知，这是在缺少贵金属又没有现代银行制度的条件下，回笼货币、治理通货膨胀的必然选择。

我的猜测对不对？可以查查历史资料，看看这些国家货币改制的时间点与发生自然灾害的时间点是不是大致吻合。如大致吻合，就证实了我的猜测；反之，则证伪了我的猜测。

一般认为，中国近代史上的鸦片战争是因为国民吸食鸦片，身体素质下降，导致国力衰退，政府不得不出面禁烟，从而爆发战争。然而，宋子文不这样看。他认为，当时世界各国都用白银做货币，中国大量进口鸦片，白银外流严重，造成通货紧缩。是白银外流、通货紧缩，而不是鸦片本身使得民生凋敝的。解决的根本办法不是禁烟，而是货币改制，不用白银做货币。在已经使用纸币和拥有现代银行制度的近代，因为禁烟而引发战争，实在不应该。

今天，有了现代银行制度，理论上是可以实现货币稳定的。但因为准备金制度错误地用货币量调控经济，结果经济反而不能摆脱通胀、通缩的魔咒。

货币一紧一松，对经济有大杀伤力。古如此，今亦如此，不同的只是作用机制有差异。

政策扩张，你于是贷款盖房子。比如，你贷款 500 万元，利率 10%，房子建成后可以获得 600 万元的卖房收入，你有 50 万元的利润。四层的楼房，刚盖了两层，政策就紧缩了，利率提高到 50%。因为打地基费钱，前面两层花了 300 万元。原计划盖后面两层用 200 万元，加上利息共 220 万元，然而现在加上利息共 300 万元。问题来了：现在你要不要继续贷款把房子盖完？当然要，因为把房子盖完需支付 300 万，但最终可以获得 600 万元的卖房收入。

虽然从整体上看，盖这栋房子前后总共投入 630 万元，最终只能卖得 600 万元，亏了 30 万元，但是当前面两层已经盖好了，决定要不要继续盖的时候，其实是不用考虑前期的投入的。你只需考虑现在需要投入多少，可以收回多少。现在你投入 300 万元，可以收回 600 万元，当然要继续把房子盖完。过去的投入，老百姓叫它"嫁出去的女，泼出去的水"，经济学叫它沉没成本。政策多变，一松一紧，会大幅度扭曲企业运营成本的。

设想经济本来要见顶了，因为种种原因货币宽松了，经济于是扩张，可半道上，才发现生产已经过剩了，这时候个人和企业能停下来吗？停不下来了！硬着头皮也要继续扩张下去。这就势必造成严重的产能过剩和紧随其后的紧缩。所以，货币不稳定对经济有巨大的杀伤力。

　　观察一个国家的未来，有一个很好的指标，就是看该国的货币稳不稳定。当一个国家的货币开始不稳定的时候，这个国家也就走在了衰落的边缘。没有一个强国的货币是不稳定的。

2016 年 3 月

柿饼所勾起的青涩回忆

本来几日内要把结题报告弄完，忙得不亦乐乎，可是一块柿饼却勾起了我的很多记忆。于是，我放下了催命般的结题材料，一时兴起非要把这篇小文章写出来不可。

在农村长大的朋友，你们小时候吃过熟透的柿子没？反正我是没有吃过。柿子总是涩涩的时候就被摘下来了。我一直以为柿子就该青着吃，直到工作后有能力买水果吃，才知道原来柿子是能长红的，柿子红了之后会软，吃起来才不涩，也才知道"吃柿子找软的捏"是啥意思。

我家居住在半山腰，从山上流淌下来的山泉小瀑，在附近冲出一个小水塘，我们叫它大沟。山泉继续向下流淌，又冲出一个略小一点的水塘。父亲在水塘边栽了一棵柿子树，于是这个水塘又被人称作"柿子树沟"。

我吃的青柿子就是这棵树结的。这棵树每年都会结很多果，幼果会掉不少，但留下来的还是很多。

在我还小不敢去大池塘玩水的时候，就只能在这两个小水塘里玩。水塘很小，根本无法游泳，我们只是在这里戏水、抓螃蟹。我们多数只能抓到小石头下面的小螃蟹，玩一玩，也就放了。大螃蟹看见我们，就躲到洞里面。那些来不及逃跑、躲在石头下的大螃蟹，会被我们抓起来，其大腿被掰下来烧了吃。后来抓到长着很小的大腿的大螃蟹，才知道螃蟹的大腿被人掰掉以后，居然还会长出新的大腿。那时候不知道螃蟹整个都能吃，否则，那里的螃蟹大概会断子绝孙了。

我家还有一棵梨树，正宗苍溪雪梨。这棵树的梨子好吃，是远近闻名的。如果能保护到 10 月份完全成熟时采摘，吃到口里的梨会全部化成水，没有一点残渣，而且糖分足，格外甜。当然，能留到成熟的梨子只有寥寥几个。从 8 月份开始，我们就迫不及待地一个个吃掉了。

我的家乡盛产核桃。几乎家家户户都有核桃树，而且有不少是大个儿的。同样，9 月尚处青涩、果核还不能自然脱落的果子，就被人用竹竿打下来收了回去。这样的核桃，要捂一段时间，才能去掉外面那一层果青，而且还不一定去得干净，需要用刀削。

小时候，我喜欢吃用嫩玉米做的稀饭，尤其喜欢用火烧嫩玉米吃。但是爷爷反对。他认为：玉米长了半年时间才长成这样，只要再过两个月，玉米就成熟了，那时候产量会增加很多；这个时候吃掉，太可惜了。

梨子、柿子、核桃成熟了也能增加不少产量吧？为什么爷爷不反对早摘呢？

我一直没有找到答案，直到学了经济学才明白：因为小孩偷吃，梨子、柿子、核桃不及早收回，就没有了。

有时候，大人们也"偷"上一把，甚至当着主人的面，半开玩笑半当真地说："××哥，你说我用这个石头能不能把那个核桃打下来？"主人能说什么？都是乡里乡亲的。只好说："打呗！有本事打下来，那核桃就是为你长的。"倒是我们小孩，一定要等大人们不在的时候才去偷。

小时候，我就偷过堂兄家的核桃。堂兄家的核桃树长在院坝里，树干很粗，成年人双臂也抱不拢，但我却能熟练地爬到树上去。记得有一天晚上，趁各家吃晚饭的时间，我和堂弟两个人爬上树去偷核桃。不想还没下树呢，人们就纷纷出来乘凉了。于是我俩只好一动不动地在树上待到大家回去睡觉才敢下来。幸好，那时农村家长没有找孩子回家睡觉的。不然家长一找人，就露馅了。

当然不只是偷核桃，只是可偷的东西不多。家家都有核桃树，果树似乎并不多见。我也是学了经济学后才明白，在那个食不果腹的年代，不多种一些果树的原因。

相比水果，粮食、蔬菜投入更低、产出更高。在那个连填饱肚子都是奢望的年代，当然是哪个高产种哪个。理性的选择必然是优先种粮食和蔬菜。因为果树根深、冠大，会影响粮食和蔬菜的生长，所以，人们只在房前屋后种植果树，自留地边的果树不多。我判断农民生活水平的一个简单办法是：假如田边地埂连水果树都没有，那么这个地方一定极度贫穷；反之，如果地里都有果树的话，那么这地方的人至少温饱有余。

集体经济的恶果是迫使人不得不偷，偷又使得物质更加贫乏，形成恶性循环。

最容易偷的当然是低处的果子了。所以你会观察到一个现象：树的低处，基本上是没有果子的。听说城里人把麦苗当韭菜，你们不会以为树的低处本来就不结果子吧？

我们知道，宠物离不开主人。其实，树也像人的宠物一样，离不开主人。

父亲去世后，母亲随姐姐到镇上居住，老家就基本上没有人定居了。二哥偶尔会回去，但也不会久住，顶多住个一两天。这样，柿树和梨树就先后死了。柿树是怎么死的，大家没太注意。梨树死掉是因为虫在树上钻了太多的孔。核桃树虽然还活着，但也不再如从前茂盛，也不结核桃了——即使结了，也会被虫子毁掉。离开了主人，它们或死或衰，再无从前的葱茏……

早年我在绵阳工作的时候，父母还给我带些家里产的核桃、梨，离开四川就再没吃过了。

最近代售陕西洛川有机红富士苹果、苹果干、柿饼。实事求是地说，对它们是否有机我只见报告，没有研究，也真的不懂，但确实好吃。为此我特意买了几种苹果进行对比，品鉴之后我还买了几箱送给我的好朋友。过去只知道吃梨会流水，现在才知道咬苹果也能淌汁。这种苹果不仅水分充足，而且甜中泛点淡淡的酸味，风味独特。果肉的饱满度也在对比中完胜。苹果干酸甜适中，清脆可口，尤其是甜中丝丝的酸味，简直像调适出来的一样恰到好处。而柿饼真的是丝丝的绵滑、润润的甜软，是我平生吃过的最好吃的柿饼。像我这样从苦日子中过来的人，以前并不曾想，人们会用好苹果做苹果干，会用上品的柿子做柿饼，如今真的服了。经济发展真好啊……

平生第一次遇上这么好吃的柿饼，一下子把我带回记忆中的小时候。于是，我"不务正业"地放下手中紧迫的课题结题的事，写下这篇关于柿饼的小文章。

2017 年 1 月

重男轻女的经济学分析

中国曾存在严重的重男轻女现象,这被认为是封建落后的东西。

可是,世界各国都曾长期存在严重的重男轻女现象,封建落后的东西怎么会在全世界普及呢?从逻辑上来说,一个完全没有合理性的东西,是不可能普遍、长久存在的。这是经济学的基本理念。

问个题吧。假设你家有两盆花,一盆名贵,价值连城,另一盆普通,不那么值钱;再假设水非常有限,不够浇两盆花。那么,你会优先浇哪一盆呢?古人又会优先浇哪一盆呢?

男孩和女孩的"价值"天然有别。我的意思是,在其他条件相同的情况下,男孩"价值"天然高于女孩。

设想你家聘请了一个保姆,月薪 3000 元。有一天保姆告诉你:"月薪 3000 元相当于每天 100 元。以后我有的时候来,有的时候不来。来了你每天给我 100 元,不来每天扣除 100 元。"你会答应吗?你会说:"滚!爱来不来!滚蛋!立即!马上!"你会不会这样说啊?

你买的不是保姆一天 100 元的服务,而是她连续一个月的服务。

你要的是，当你需要的时候，她得随时在你身边。如果保姆想来就来，不想来就不来，你最多每天给她 80 元。

　　道理是一样的：能连续在公司上班、始终守在老板身边的人，一定比不得不请假离开公司的人"价值"要高。女人因为要生孩子，没有办法随时在公司，没有办法始终在老板身边。这决定了女人的"价值"天然要比男人低。

　　何况，在古代农耕、游牧的社会，男人强壮的体力是极其宝贵的资源。东北早先居住的是狩猎民族，男人强健的体魄更显重要。所以东北的老人会告诉你：以前好东西要男人优先吃，然后才是孩子、女人们吃。这其实很好理解：只有男人吃饱了，体魄强健，才能打到猎物；打到了猎物，一家人的生活才有保障；如果男人吃不饱，打不到猎物，全家人都要挨饿了。

　　在古代，女人就像那盆不值钱的花。然而这还不是问题的全部。问题还在于，古代没有避孕措施，女人基本上隔一年就要生一个娃。真的不夸张，我小姨光养活了的就有 8 个孩子。那时医疗条件又不好，女人每生一个孩子，半条腿是迈进了鬼门关的。

　　女人隔年就要在鬼门关前走一趟，你会选择在女孩身上投资吗？除非，你家有用不完的钱。所以，在古代，教女孩读书习字的只会是大户人家。

　　我小的时候，那些没有办法送所有孩子都去读书的困难家庭，一般会挑男孩去读书，其余孩子则要早早干活来养家糊口。这个被挑出来读书的不会是女儿。而读出书来了的那位兄弟，则有接济其他兄弟姐妹的义务。我的一个大学同学，为了回报妹妹的付出，从小养着妹妹的孩子。那时，在女孩身上投资，无异于在沙滩上建大厦。

由于物质贫乏，任何无效的投资都必须严格避免，否则家族生存、种族延续就要出问题。

信不信由你，在我小的时候，好吃的东西都是我优先，我姐想吃，得从我这里要；我只要看书写字就可以不干农活，可是同样也在上学的姐姐就不可能，她得干农活。

今天我们不需要重男轻女了。这是因为：今天物质丰裕了，在满足了男孩子的需要之后，还有能力满足女孩子的需要；今天有很多白领工作，不需要太大体力，女人不再具有劣势，甚至因为办公室工作需要细心，女人反而具有优势。

没有经济的发展，就不可能摆脱重男轻女的观念。不是重男轻女的观念导致经济落后，而是因为经济落后，只能选择重男轻女。重男轻女其实是经济落后条件下的一种生存智慧。老实说，我喜欢女儿。但在古代，生产力低下，物质贫乏，医疗条件差，不重男轻女，家族就不能生存，基因就不能延续啊！

2016 年 6 月

第二篇

经济与金融分析

经济学是研究市场的学问，一定能够帮助人们从市场中赚到钱。这并不是说从书本上就能直接学到赚钱的技术，而是掌握了基本的概念、原理，培养了正确分析问题的能力，可以帮助你正确理解市场上的各种现象和行为，是有助于从市场赚钱的。

征房产税到底是增房价还是降房价

传言许久的房产税终于迎来新消息。2017 年 12 月 20 日，财政部长肖捷在其署名文章《加快建立现代财政制度》中，对房产税立法、房产税征收原则等给出了较为明确的说法。

一石再激千层浪。有的说房产税降房价，有的说房产税增房价。那么到底是降还是增？

首先，房价不是被炒房客炒高的。炒房客没有能力把房价炒高。常言说："无风不起浪。"是房价本来就要涨，炒房客发现了这个秘密，才去炒的。试问：为什么没有人去炒路边的鹅卵石呢？谁有本事把路边鹅卵石的价格炒高了给我看看！

导致房价上涨的主要原因是如下几点。

（1）货币超发。大家看看下面的图就知道，涨的哪里是房价，分明是货币量啊！北京、上海、深圳的房价涨得最快吧？它们也就是能赶上广义货币（M2）的增长速度嘛！

（2）工商用地受到严格限制，导致房子供给不足。严格限制农业用地、集体用地转为工商用途，必然减少房子供给。这属于人为制造稀缺。凡是实施土地限制的国家或地区，房价都高。日本限制农业用地转为工业用地，日本就出现过巨大的房地产泡沫。德国没有这方面的限制，德国的房市就没有出现过大泡沫。香港控制土地供给，香港就有独特的"鸽子笼"。

人民币广义货币（M2，单位：万亿元）

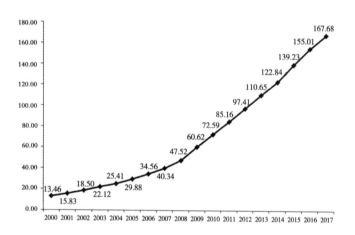

2000~2017年人民币广义货币（M2）变化

（3）土地不能自由买卖，缺少储藏货币的池子。假如四川土地可以自由买卖，杭州的房价会不会降？会降的。因为那样我就不买杭州的房子了，而是回四川老家去买地。就是说，自由买卖的土地是一个货币池子，可以分流房市的货币。假如960万平方公里的土地，都能成为货币池子，北京、上海、深圳的房价还有可能那么高吗？

（4）城市化、人口集聚。人口向哪里集聚，哪里的房价就会涨。

（5）经济发展，收入提高。

应该说，正是因为看清了导致房价上涨的这些因素，炒房客才出手炒房的。

那么，房产税到底是降房价，还是增房价？

亲爱的朋友，学点原理不难，难的是正确运用原理分析现实的问题。原理说，任何税收都是由交易双方共同分担的；任何税收，在效果上都相当于使供给曲线向左移动，因此都会使价格上升、交易量减少。问题是，原理是比较静态分析，但现实比这复杂得多。

什么叫比较静态分析？就是从一种均衡出发，看看在政策作用下，新的均衡是什么，然后比较新旧均衡，看看有什么变化。税收使得供给曲线左移，均衡点从原来的 A 点变为 B 点。比较两个均衡，看看是不是均衡价格上升了，均衡数量减少了。这样的分析就是比较静态分析。

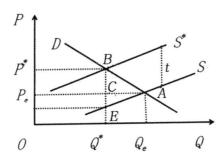

税收使均衡发生的变化

比较静态分析是从均衡到均衡。麻烦在于真实世界并不总是均衡的。如果起点不均衡怎么办呢？这个时候，就不能简单运用原理了，而要结合现实的约束，具体分析了。

房产税是向购买者征收的持有税。它虽然和一般的税并没有本质区别，但分析要稍作调整。

房产税会增加持有房子的代价，相当于降低了房子的价值，因此对房子的需求会减少。假设税额为 t，这就相当于需求曲线从 D 移动到 D^*。相应的，均衡交易量由 Q_e 变为 Q^*，均衡价格由 P_e 变为 P^*。表面上，房产税使得房价下降了，这和我们前面讲的税收使得价格上升的一般原理相矛盾，但实际上并不矛盾。前面的价格 P^* 是含税的价格，这里的价格 P^* 是不含税的价格。把税额加进来，价格就变为 P_t 了，还是高于没有房产税时的均衡价格 P_e 的。

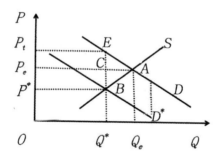

房产税使均衡发生的变化

我们看到，对于向购买者征收的持有税，还是像一般原理所讲的那样在买卖双方之间分担。和没有房产税的情况相比较，购买者多支付了 CE 的部分，出售者少收入了 BC 的部分。

当然，这个分析还是从均衡到均衡的比较静态分析。假如一开始市场并不是处在均衡状态，例如房市处在供过于求的非均衡状态，那又会是什么结果呢？

这个时候，含税的房价 P^* 有可能低于初始的不含税房价 P_e，但造成这一现象的根源是初始的不均衡，与税收使得价格上升的一般原理并不矛盾。

那么，假如一开始房市就处在供不应求的状态呢？既然房子供不应求，含税的房价必然上涨高于不含税房价 P_e。

所以，所谓房产税可以降房价的说法是不成立的。下降的是不含税价格。但对于消费者来说，他要承受的是含税价格，而这个含税价格一定更高。

注意：税负转移的说法跟我们日常的理解不一样。所谓税负转移，不是简单地将其转移给对方。否则，卖方为什么不自己加价，而要等政府征税的时候才被动加价？其实正确的说法是：因为征税了，所以需求曲线向左移动了，均衡交易量减少了；虽然含税的价格上涨了，但是扣除了税负，买卖双方都受损了。这其实不是一种主动的转移，而是一种被动的分担。

我不简单地反对房产税，理由是我主张用直接税替代间接税，但总体上不能加税。如果征收房地产税，必须对其他税收做相应的减扣。

绝对不能以降房价为目的来征收房地产税，因为房价上涨是货币超发、工商用地受到严格限制、土地不能自由买卖等因素导致的。任何税收都会扭曲人们的行为。要降房价，为什么不对症下药，改变那些使房价上涨的因素呢?

关键的问题是，房产税降不了房价。开征房产税后，从全国总体来看，不含税的房价下降了，但是含税的房价一定上升了。别以为买房的时候支出少了，每年交的房产税也是你持有房子的成本，也要算作你买房子的价格。我们不能只看到容易看见的，还要看到不容易看见的。

2017 年 12 月

2018 年以后的经济展望

在辞旧迎新之际，我也谈一谈对中国未来经济的预判。

一、2017 年中国经济表现超预期，但新周期远没有到来

2017 年，中国经济总体表现可以用超出预期来概括。前三季度国内生产总值分别增长 6.9%、6.9%、6.8%，预计全年能达到 6.8%，超过 2016 年的 6.7% 是没有问题的。

在经历连续六年的下滑后，国内生产总值增长率终于见底回升。有人说经济进入新周期了。

中国经济真的企稳回升、进入新周期了吗？笔者认为，这要看经济超预期的原因是什么。

造成经济超出预期的原因有五个方面：一是国际经济复苏，出口大幅反转；二是政府和私人组织合作带来了基础设施、公共设施投资的增加；三是 2016 年房价上涨带来的滞后效应使得 2017 年的房地产投资仍然比较高；四是信贷投放仍然比较多；五是新技术、

新产业、新业态带来的增长效应。

前四大因素都不具有可持续性。最后一项可持续，但毕竟弱小，不足以支撑整个经济。

先说出口。美、欧、日相继不承认中国市场经济地位，美国还将中国确立为战略竞争者。这势必会落实到对中国出口产品的各种限制上。中国的出口增速会回落——即使不回落，恐怕也很难再提高。

再说债务与财政货币扩张。截至 2017 年 9 月，中国负债率达到 242%，已经超过美国次贷危机前的 240%。在美国金融危机以前的 2008 年，中国负债率仅为 130%。从 2008 年至今，中国国内生产总值只增加了 1.5 倍，负债却增加了 3.8 倍。这意味着，在过去 10 年，我们的经济发展主要靠举债维持。而且麻烦在于，在债务快速上升的同时，经济增速却在不断下降。

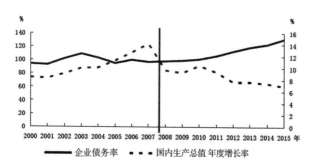

企业债务率与国内生产总值年度增长率变动趋势

虽然说像我们这样的国家能够承受更高的负债率，但是债务短期剧增，一方面，这意味着资产质量不高——这已经反映在经济增速不断下滑上了，另一方面，这也表明债务集中兑付的压力巨大。而且中国地方债和企业债关系十分复杂，很不透明。2017 年前 10 个月政府债务利息支出超过 4000 亿元，增速达 40%，而同期财政收入增速不到 6%。因此国际货币基金组织在 2017 年的报告中重点指出，中国债务的风险之一在于不透明。国际上一些投行因为债务问题已经多次做空中国。

债务问题将制约财政政策、货币政策空间。2016 年 11 月国务院办公厅发布的《地方政府性债务风险应急处置预案》的基本态度是：中央不救助，地方自己处理。近日的经济工作会议再一次强调了这一点。可以预期，政府对政府和私人组织合作项目的管理会更加严格规范——这对地方政府投资会产生一定影响。而强化金融监管、去杠杆、挤泡沫又会使得新增贷款增长也难以持续。

还有，在房地产严格调控下，房价增长放慢，甚至有所回落，房地产投资也会放慢。

所以，我认为，新周期远没有到来。大概率是，2018 年经济增长幅度会低于 2017 年。

二、中国经济短期具有强大的韧性

但是，短期内中国经济有强大的韧性，中国经济出现断崖式下跌的可能性也不大。

其一，中国有其他国家难以比拟的国内市场规模与产业集聚优势，有世界上最好的工业基础设施。遍布全国各地的成片工业开发区大大降低了企业在用地、配套、与周邻协商方面的成本，劳动力成本低，产品被索赔少，企业综合生产经营成本在国际上仍具较大优势。虽然制度性交易成本越来越高，但只要企业收益仍大于综合成本，倒闭潮几年内不会出现。

其二，中国社会保障覆盖面小，使得中国人必须勤奋工作、努力挣钱，很多人年龄很大还劳动，劳动力供应仍较充足。

其三，虽然美、欧、日对中国商品提高贸易壁垒是必然的，但提高到什么程度，取决于产业替代国有多大能力承接中国制造。亚非拉发展中国家才是中国真正的竞争对手——中国与它们是此消彼长的关系。然而发展中国家制度性交易成本普遍高，加上一些国家未富先骄地实行免费医疗、免费教育等福利政策，为中国的产业外移提供了安全屏障。因此，它们要形成对中国制造的大范围替代，短期难以做到。

其四，中国政府拥有很多国家没有的手段来进行短期救急。

三、短期韧性虽强，但长期趋势堪忧

中国经济尽管短期韧性十足，但长期趋势不容乐观。

其一，市场化、城市化、大工业沿海分布的趋势不可逆，可是目前政府人为调控管制产业、控制特大城市发展、限制经济发达地区工商业用地指标等一系列政策都反了。经济进一步发展需要法治保障、产权保护、减税、简政放权、允许要素自由流动，但我们仍很缺乏这些。

其二，经济要持续发展，就必须融入世界市场。中国经济对外贸依存度高，但我们有可能被逐出世界经济体系之外。

其三，维持泡沫、汇率稳定、竞争力强这三者怎么可能兼得并长期维持呢？

其四，产业集聚具有马太效应，产业转移一旦超过临界点将无法逆转，而目前整治低端产业、治理环保和大城市的人口政策，都不仅危及整个产业链的完整，也提高了整个社会的综合成本。现代化生产所需的劳动力不断减少。现在美国占人口比例不到 2% 的农民就可以提供全国粮食且大量出口粮食。中国制造主要是沿海 3 亿人口加 2 亿内陆农民工干的，其产出已占据大部分国家中低端日用品 70% 以上的市场份额。只要东南亚和印度有三五亿人口能有机会真正融入世界产业分工体系，中国的产业外移便势不可挡。产业链完整是中国经济的优势，对其中任何一环的打压，都将提高整

个产业链的成本。

其五，其他发展中国家与中国之间的基础设施差距在拉近。

其六，中国位于国际产业中低端的格局，长时间内改变不了。中国的创新发展是尽量往中端靠，避免与穷国过多的同质竞争。

四、政策取向、汇率、房价等的一个简单推断

经济恶化受害最重的首先是两头：低端产业工人失业，企业家压力大。这两头是中国经济竞争力之本，目前都处于较强的不安与焦虑中。经济如恶化，政府维稳压力加重，更不可能精兵简政、减税、放松管制，很容易走上恶性循环的道路。

近日央行在全球收紧货币的大势下仍降准，又需增加新的贷款，喊严控口号改变不了趋势。因此，别说收紧货币，严格执行中性货币政策恐怕都难。经济的杠杆率不但不减，还会增加——最多是增速放慢。

中国很有可能会进一步强化资本项目管制，而不是放松。因为中国汇率不完全由市场决定，短期很难预测。尽管如此，中国 2018年大概率不会出现像 2017 年那样的拉升，而长期趋势不言自明。

因为资金不能随意流出，房价泡沫短期不会破灭。相反，房价短期盘整甚至调整后继续上涨的可能性仍然很大。楼市的最终调整只能以整体经济出现大幅调整为条件。

展望 2018 年，国内生产总值增速会低于 2017 年，甚至会低于 2016 年，大约会回到 6.6% 的水平。

问题在很大程度上出在我们不愿承受经济下滑的阵痛。20 年前中国政府可以通过债转股、剥离坏账等使经济重新轻装上阵，可以用基础设施建设来应对亚洲金融危机，是因为有人口红利和加入世界贸易组织的经济扩张来消化之前的坏账，来使得建设的基础设施发挥其作用。但华尔街金融危机后实行同样的刺激政策就只会产生相反效果了。

2017 年 12 月

陈天庸　谢作诗

经济下行缘何股市逆势上扬

前些年，中国经济形势世界第一好，可是中国股市表现却很差。从 2014 年以来，中国经济面临巨大的下行压力，然而中国股市却一路走高。很多人不理解，认为这是一个谜，又或者认为中国股市不理性，炒股的人都是疯子。更有人认为，市盈率太高，股市已经遇到地球顶。

应该怎样看待中国股市的表现呢？只根据市盈率能够预测股市的底与顶吗？

房价跌，股市的机会来了

教科书上说股市是经济的晴雨表，这个说法也对。因为经济形势好，企业红利回报会高，股市当然也就有理由走好。但是反过来不一定成立，不能说由于经济形势不好，股市就一定差。

在金本位制下，股市的确是经济的晴雨表。然而当今实行信用货币制度，更准确地说，股市是资金的晴雨表。一切价格，根本上都是一个货币现象。

中国有多少货币？截至目前，有 128 万亿的广义货币。不跟数字打交道，你或许不清楚 128 万亿的确切含义。做个中美对比，你就清楚了：人民币是世界货币美元的 1.5 倍。那么中国的国内生产总值有没有美国多？没有。这你就知道中国有多少货币了。

西方国家房价涨个百分之十几就说是有泡沫。可是中国的房价几倍甚至十几倍地涨，泡沫就是不破裂。过多又缺乏载体的货币，放在房市里，房市就装得满满的。这就是这些年我们房价高的原因。

房市的高收益是炒股的高成本，经济学称其为机会成本。房子不断增值，就没有人去炒股。如果你一意孤行，非要买股票不可，那么就放弃了房市的高收益。这就是前些年有那么多的货币，然而股市却不好的原因——房市涨得太快。

房价不涨了，股市的机会就来了。须知，中国资本项目是管制的，钱不是一点也流不出去，但总体上是流不出去的。这些钱被封闭在池子里。这个地方的钱被摁下去了，一定会在另一个地方冒起来。128 万亿的货币，什么股市托不起来？

以经济不硬着陆为条件

房价下跌，股市的机会就来了。这个说法是有条件的，那就是房市、经济不能硬着陆。如果房市、经济硬着陆，覆巢之下，安有完卵？股市也会大跌，甚至崩盘。

我们要找一个时间点，看看在这个时间点上，房市或者经济硬着陆的风险是不是下降了。我认为这个时间点是 2014 年 7 月，因为在这个月，政府出台了大规模的救市计划：央行给国开行 1 万亿的贷款，并开始定向降准（水往低处流，钱往收益高的地方去，定向降准就是降准），各地放开房产限购，一些地方购房还给财政补贴，还有少数地方要求公务员必须买房的。

虽然政府用需求管理的办法是救不了经济的，但是可以托住经济，使其不至于硬着陆。

在 2014 年 7 月这个时间点上，我们大致可以判断：中国房市硬着陆的风险下降了，经济硬着陆的风险也跟着下降了。在这个前提下，房价下跌、股市上涨的条件就满足了。我在 2014 年 7 月，写了《股市的春天正在悄然到来》一文，讲的就是这个道理。

前段时间，四部委联合出台了救房市的政策，当天股指上涨一百多点。这就是市场的解读：第一，房市硬着陆的风险小了（否则，大家就不敢出手买股票了）；第二，房子不再具有投资价值了。如果房子还有投资的价值，钱就不会向股市流了。所以市场其实是非常精准的。

房子因位置而值钱

说房子不再具有投资价值，不是说所有房子都不再具有投资价值。房子因为其所处的位置不同而价格迥然有异。同样的房子，偏远地区的不值钱，北京的就值钱。所以，只能说总体上房子不再具有投资价值了。股市的表现给了我们这样一个答案。

一方面，由于计划生育，中国的人口存在结构性突变。现在为13亿人准备的房子，未来可能只有八九亿人住。那么房子的前景会怎样呢？当然，这些房子未必都会闲置，外国人肯定会来。

另一方面，经济还会下行。这也不支持房子继续增值。但是不排除一线城市，适合人居住、工作机会多的地方，房价有可能还会涨。日本共有1.6亿人口，东京就有3000万；韩国约一半的人口集中在首都圈；中国13亿人口，可是北京只有2000万。这意味着，如果中国户籍限制放开，人口还有可能向一线城市汇集，那么一线城市的房价当然就还有可能涨。

但是三、四线甚至二线城市，人口净流出的地方，房子是不会有投资价值了，除非政府出台大规模的刺激政策。

股市是经济预期的晴雨表

如果一定要说股市是经济的晴雨表，那也是经济预期的晴雨表。股市跟当下经济的表现可以相反。当下经济不好，反而可以成为股市做多的理由。道理不难理解：当下经济不好，政府就要刺激经济，而扩张货币是少不了的；货币扩张，股价自然要上涨了。

股市是经济预期的晴雨表，那么中国经济的未来会怎样？十八大以来改革之风频吹，这至少给了人想象的空间吧？这就够了！正如市场预期中国重工与中国船舶合并、中国铁建与中国中铁合并，它们的股价就大涨。至于它们会不会真的合并，不重要。重要的是市场有这样的预期，股价就会涨。股票价格是资产价格，资产价格具有先行变动的特征。

房价要跌还没跌，股价已经先跌了，当房价真的开始跌的时候，股价还跌不跌？不跌了——除非房价下跌的程度超过了之前的预期。经济要下滑还没下滑，股价已经先跌了，当经济真的开始下滑的时候，股价还跌不跌？不跌了——除非经济下滑的程度超过了之前的预期。既然大家都认为股价不跌了，傻瓜才不买股票呢！大家都买股票，股市怎么能够不大涨呢？

资产价格超前反应。前些年糟糕的股市不是对当时经济而是对今天经济的反应。前些年股市下行已经对今天的经济困难做了反应，不能指望再反应一次。如果我们教条地把股市和当前经济对应起来，没有看到资产价格先行反应的特征，那么就错失了这次牛市赚钱的机会。

股票价格是资产价格，主要受预期的影响。为什么2014年11月第一次降息的时候引爆了股市的疯涨，然而第二次降息的时候市场反应却平淡无奇呢？因为第一次降息给市场传达了货币政策从此将转向宽松的预期。第一次降息过后，市场的疯涨不只是对这一次降息的反应，也是对未来一系列降准、降息预期的反应。第二次的降息已经被第一次降息后市场的疯涨消化了，自然就反应平淡。平均来说，降准、降息后股价60%的概率反而会走低。

市盈率不是判断中国股市泡沫的好指标

3300点的时候，好多人唱空股市，说中国股市有泡沫，马上要破裂。我因此写了《没有泡沫的股市不好玩》一文。我的问题是：天下有哪个资本市场没有泡沫啊？过度涨跌是资本市场的天然属性，并不是有泡沫就一定破裂，更不一定马上就破裂。

市盈率不是度量中国股市泡沫的好指标，更不能拿它做简单的国际比较，然后认定中国股市泡沫就要破裂了。这就像不能用房价收入比、空置率去判断中国的房市有没有泡沫一样。从2005年起，有人拿房价收入比、空置率去判断中国的房市有没有泡沫，得出中国的房市泡沫即将破裂的结论，然而等到9年过后房市泡沫才破裂。

他们忽视了国情不一样，在西方国家成立的指标，在中国可能会完全失灵。

中国经济是一个高增长的经济体，你今天看房价收入比高了，过几年，经济发展后，收入增加了，房价就不高了。我们优质的教育、医疗资源都集中在大中城市，为了孩子上学、将来养老，我们可能买某地的房子，然而我们工作和生活的地方离那里很远。我买房子的目的就是为了空置，然而你却偏要用空置率来计算中国房市的泡沫，这不是南辕北辙吗？

好多人教条地说中国市盈率超过美国，泡沫要破裂了。他们忽视了以下问题：有哪个国家有这么多的货币啊？有几个国家像我们这样缺少货币的载体啊？一锅水烧开了，尚且不会马上冷却，何况上亿人的热情已经被调动起来了。

政府渴望有头慢牛

拐点最终会出现，特别是实体经济没有跟上来、靠货币驱动的股市，其股价上涨最终是不可维持的。天天说拐点、天天唱空，总有一天会蒙对，但是这样的对有什么价值呢？有人讲笑话，每次泡沫来的时候，总有两种人：一种人天天叫嚷泡沫要破了，总有一天会被誉为聪明人；另一种人呢，大胆地到泡沫中去游泳，会变得越来越有钱。

泡沫最终要破裂，但是不会立刻破裂的，泡沫是不会逆着趋势破裂的。

从当下经济运行情况看，财政、货币政策还会进一步宽松。别的不说，庞大的地方政府债务和银行坏账怎么解决？减债务、缩小分子虽好，但要保增长、保就业，只能扩张货币、做大分母。全世界都这样玩，凭什么中国会例外？直接发货币来置换债务也会成为可能。

从政府的角度看，房价下跌、股市上涨，是经济社会巨大的缓冲装置。如果房市下跌，股市不涨反而下跌，那冲击有多大！股价上涨可以减轻资金外流、人民币贬值的压力，而且牛市比熊市更能支持企业的融资需求！当然，如果牛走得太快，投机性太强，那么资金大量进股市，反而会抽出实体经济。慢牛是非常好的，政府非常期望有一头慢牛。

庞大的地方政府债务和银行坏账，除了要靠发货币来消解，还有一个办法是债务证券化。这是美国的做法——对一些劣质的资产进行包装，然后到市场上去卖。要用证券化来消除坏账，也需要一个繁荣的资本市场和牛市。

不要把注意力放在点位判断上

没有人能准确判断点位。只需观察两个变量：一是有没有继续向池子里灌水以及流量多少；二是池子里的水有没有在往外流以及流量有多大。把这两个盯住，就踏实了。

前文已经讲过，还会往池子里面注水的。

那么水是否开始往外流了？这从两个方面可以看出来：其一，前段时间 B 股集体涨停，说明换美元的多了；其二，港股前段时间大涨，说明资金在南下。但不管怎么样，进来的流量大于出去的，所以我认为现阶段股市还是相对安全的。不过，毕竟水在往外流了，所以也必须高度警惕风险。

还要紧紧盯住股票供给，特别是注册制的推行，因为它会大幅增加股票供给。

人民币是不是自由兑换，也是一个关键变量。1∶6.29 的汇率是一部分人民币与美元交换的比率，让全部人民币与美元交换，人民币超过美元数量，一定会贬值的。

股市上涨的理由和房价上涨一样。所以当初房价有多高，今天股市就会有多火。

风险当然存在。但天上有老鹰，难道兔子就不吃草了？不炒股，你就不亏损了？当股市的泡沫破裂过后，通胀会卷土重来，那个时候你才知道：如果我们上一轮没有在房市上赚到钱，这一轮没有在股市上赚到钱，下一轮又没在创业、上市上赚到钱，那么我们基本上就只能与贫穷相伴了！不炒股不意味着我们就不会亏损，不炒股我们照样在亏损！

恰恰这样的股票应该大涨

有人说中国一重去年业绩只有四厘钱，然而股价半个月飙涨了140%，不正常。错了！这恰恰是正常的。要知道，中国一重业绩不好是因为福岛核事故过后全世界暂停了核建设。现在重启核电建设，国家战略又推"走出去"，想象空间巨大。中国一重现在业绩差，不意味着未来也差，它会改善。股票买的是未来，买的是变化。这样的股票大涨就对了。

所有在 F10 能够看到的业绩，除了安慰自己的情绪之外，对个股将来的涨跌是没有影响的，因为不管是好还是坏，都已经反映在股价中了。如果说有，那也是从中能推断出未来的信息。比如股权集中度，短期不容易有大变化，故可以做未来的参考。只有那些预期将来业绩能够爆发增长的事件，才能够强力推动股价上涨。一般来说，F10 里业绩差的比那些业绩好的股票更有可能乌鸦变凤凰，大资金也更能以低成本拿到筹码，它的股价有可能更猛烈地上涨！

都知道是好股票，主力就不能低成本吸到筹码，就不可能往上拉了。你认为业绩好的股票它却不涨，正常啊！大家都认为好，筹码被散户捏在手上，主力凭什么拉啊？

结束语

很多人用错误的理论去套现实，然后说现实不合理，说股市疯了，人们不理性，说股民在赌博。就算赌博，股民也是下自己的注在赌博，不是拿别人的钱赌博，怎么可能不理性呢？一个人可以不理性，成千上亿的人怎么可能都不理性呢？

市场永远都是正确的！不正确的是不懂市场的人。不是股市疯涨错了，是货币超发错了，是缺少承载货币的载体错了！有这么多的货币，又缺少载体，要市场怎么表现？货币放在房市，房市疯涨；货币放在股市，股市疯涨；以后口子一开，钱会流到国外去。

2015 年 5 月

中国重工与中国船舶应当合并

　　好些人糊涂地认为，有两家企业就是竞争，而只有一家企业则是垄断。这是完全错误的。有没有竞争、竞争激不激烈，关键看有没有市场准入限制，跟企业数量没有关系。

　　中国有几千所大学，它们存在竞争吗？存在。但那可不是面向市场的竞争，而是面向主管部门的竞争。中国有那么多银行，可是我们觉得哪家银行都是一副面孔，并没有感受到竞争给我们带来的实惠。

　　你能想象闹市区竟然接收不到联通的信号吗？为什么它不跟移动展开竞争呢？

　　如果存在价格管制和进入管制，那么纵有千万家企业，其实也就是一家而已。而如果企业国有，那就更不要指望靠增加数量来增加市场竞争了。国有企业背后的老板都是同一个，即政府或者说国资委，你会指望同一个老板办多家企业让自己的左手与右手展开残酷竞争吗？

就在去年，中国重工与中国船舶的老总对调了。他们辛辛苦苦把企业搞好了，但没准什么时候会成为自己的竞争对手。大家说说，这竞争怎么搞？

在国内，由于没有潜在进入者，他们无须也不会开展市场竞争。但是在国际市场上，由于进入限制被打破，他们真的要开展市场竞争了。可这时候的竞争又多是自家人打自家人，让别人坐收渔翁之利。

所以，我是赞成南北车合并的。不仅如此，我主张像中国重工与中国船舶、中国铁建与中国中铁这样类同而又要面对国际竞争的企业，应该统统合并。这些产业规模报酬递增，为什么不合并成一个企业，非要分成两个？本来就是一个老板，又做相同的事情，为什么要养两套班子的高管，让他们在国内市场上不竞争，却在国际市场上自相残杀？

当前及今后一段时间，中国居民会降低房地产和银行储蓄的占比、提高证券类资产的占比，尤其是提高权益类资产的占比。近一年来的股价大涨正是居民这一行为的外在表现。

给定中国一定要造航母以及上述储蓄占比转变，那么我的建议是用资本市场的钱来造航母。借助资本市场来造航母的最好办法，就是把中国重工与中国船舶合并起来。中国南车与中国北车合并的例子已经告诉我们，合并后股价会翻番地涨。二级市场股价翻番，将极大地降低企业在一级市场上募集资金的成本。这可以让企业有能力聘用更好的技术人员，研发或购买最好的技术。与其靠财政的钱，实在不如借助民间的、资本市场的力量来得轻松巧妙。

垄断不可怕，对市场不设置进入限制则愈垄断愈好，设置准入限制才可怕。

中国正在帮助亚洲国家建设基础设施。然而我们要知道：中国与亚洲国家经济的替代性远大于互补性，而东南亚国家经济之所以无法跟中国竞争，重要原因之一是他们的基础设施相对落后。因此，如果我们不扩大开放，让自己进一步与世界市场特别是亚洲市场融合，同时增强企业的对外竞争力，那么帮别国建设基础设施就是在帮竞争对手打败自己。

我认为，必须有效推进亚洲自由贸易区或者亚盟的建设。要让要素、产品能够自由流动，同时增强自身企业的对外竞争力。只有这样，中国帮助别国建设基础设施，才是在帮助了别国的同时，也有效地服务自己。

2015 年 2 月

股市有点泡沫不是坏事

中国股市有没有泡沫？要看用什么标准来衡量了。

市盈率肯定不是度量中国股市泡沫的好指标，至少不能只依据它来度量股市泡沫，更不能拿它做简单的国际比较，然后认定中国股市泡沫就要破裂了。有人拿房价收入比、空置率去判断中国房市有没有泡沫，从 2005 年起就说中国房市泡沫要破裂了，然而这个泡沫坚挺了 9 年后才破裂。他们忽视了国情不同，在其他国家适用的指标，在中国可能完全失灵。

股票买的是未来、是变化。现在是经济困难时期，你用当前的指标去衡量股市，市盈率是高了，但是未来经济向好时市盈率又会降下来。看上去那些几百倍、上千倍市盈率的企业不靠谱，但实际上通过资本扶持、外延式增长，它们的市盈率会不断降低。如果收购的资产确实是好资产，再加上内生性的增长，市盈率就会降下来。通过外延式并购，非上市的企业获得了资金的支持，二级市场也发生了"越贵市盈率越低"的奇特现象。这就是创业板不倒的逻辑。

创业板、中小板市盈率高正常，新兴产业股价就该飞涨，它们现在不盈利，但未来有变好甚至变大好的可能。传统产业变得再好，能好到哪里去？何况这次是传统产业过剩、面临转型压力情况下的牛市，你能指望它未来好到哪里去？这正是绩优股股价不飞涨的原因。

我并不是说中国股市没有泡沫。但天下有哪个资产市场没有泡沫呢？过度涨跌是资产市场的天然属性。不产生泡沫、不过度波动的市场，是普通商品和劳务市场，不是资产市场。

泡沫是强大激励，它引导资源向那个领域汇集。当机器人、网络支付等股票大涨的时候，就会有许许多多的人投资这样的领域，去上市变现或者等待他人来收购，这是实实在在地引导资源向这些领域汇聚。网络教育股大涨，我都有心办互联网大学了。这是用资本市场的力量帮助发现未来产业的发展方向。没有泡沫的强大激励，这个功能怎么实现？资源配置首先是发现产业发展方向，没有泡沫的股市则没有生机，不能有效发挥资源配置功能。

诚然，泡沫破裂后会有大批企业倒闭，也会有大量股民血本无归。然而，"一将功成万骨枯"。假如没有一定的市场厚度，没有足够多的市场参与者，怎么能产生最后的成功者？假如没有美国的互联网泡沫，哪有谷歌、腾讯、阿里巴巴这样的互联网公司脱颖而出？知道市场最后只会剩下腾讯、阿里巴巴，是不是一开始就只需两家公司来做，数量多了就是泡沫？没有股市泡沫的强大激励，凭什么明明知道大多数企业会倒在半路上，还有人坚持勇往直前地努力打拼呢？

所以，有点泡沫不是坏事。当然，这并不是说泡沫越大越好。但是，到底多大才正好？没有人能够准确知道。我们不要动不动指责投资者不理性。他投自己的钱，能不理性吗？市盈率低的绩优股不大涨，市盈率高的创业板却大涨，这恰恰是理性。投资股票可能犯错误，但做什么会完全不犯错误呢？做到货币稳定，确保不发生系统性金融风险，就足够了，其他的不妨交给市场吧。

当然，我也必须提醒：风已高浪已急，投资股票需谨慎。

2015 年 3 月

中国股市暴涨暴跌的原因

股市火爆，因此我很久没有写文章了。股市暴跌，我才有闲心写文章。今天就来谈谈中国股市暴涨暴跌的原因吧。

资产价格本来就具有暴涨暴跌的内在属性。这有以下两个方面的原因。

其一，资产虽是商品，但又不同于普通商品。人们需要资产，不是用它满足自身直接的需要，而是希望它能增值带来收入。这决定了资产价格主要由预期决定。你买，我买，他也买，价格便上升。价格上升的预期诱导人们继续购买，从而导致资产价格过度上涨。下跌过程一样，也会形成反向的累进叠加，从而又促使资产价格过度下跌。

其二，无论是拉升还是砸盘，主力都需要做准备，为此要支付巨大的成本，而这会产生上涨和下跌过程中的惯性。上涨前，主力需要不断吸筹，只有筹码集中到一定程度，才可能拉升。收集筹码是需要支付高额成本的，但是这样做可以降低其后拉升股价的成本。

这好比花了很大代价把水烧到 80 摄氏度，一般来说就要尽可能把水继续烧开了，因为已经烧到 80 摄氏度的水，再烧开需要的成本就很低了。因此一般来说，一旦股票进入到拉升阶段，就算遇到利空，也很难阻挡继续拉升的脚步。这也是牛市中"利好是利好，利空也是利好"的原因。

下跌前，主力也要不断释放筹码，俗话叫"做顶"。而这也是需要代价的。只有筹码减少到一定程度，砸盘和大跌才可能发生。既然筹码已经少到一定的程度，主力是不会反过来马上拉升的。它应该希望继续大跌，以便以更低价格重新获得筹码。这就是常说的破位以后就代表了趋势的转变。涨要涨够，跌要跌透。破位大跌后的反弹，很有可能是一种诱多。

下跌过程中的惯性意味着，熊市中"利空是利空，利好也是利空"。

不断吸筹的过程，也是逐步做出多头形态的过程。这个多头形态，给散户传递了拉升的信息，他们会跟风，这样拉起来才省劲。形态走坏，反映的是筹码分散，如何马上好起来？

没有人猛蹬一阵自行车，然后猛踩刹车，再猛蹬，又猛踩刹车，如此反反复复。如果巨幅拉升然后巨幅打压，或者巨幅打压然后巨幅拉升，如此反反复复，那就是股市变盘的前兆了。

这也带来一个有趣的话题：大跌过后，是买跌得多的股票，还是跌得少的股票？不同的人有不同的看法，长线和短线也有不同的做法。做中短线，我是倾向于买跌得少的股票。

然而，中国股市的暴涨暴跌还有其特殊的原因。审批制下大多上市企业是效益不好的公司，就算有好公司但不分红对股东来说无异于效益不好，股民不投机怎么办？投机的股市必然暴涨暴跌。

管理部门干预股价，这也会导致股市暴涨暴跌。当股价低迷的时候，其实正是市场在鼓励买入，不过上涨有个过程。然而，这时候管理部门错误地再来救市，股价怎么能不过度上涨呢？当股价过高的时候，其实正是市场在鼓励卖出。同样下跌也有一个过程。然而，这时候管理部门错误地再来打压股市，股价怎么能不过度下跌呢？

前段时间，股价上升过快，管理部门一方面限制两融和场外配资，另一方面加快新股发行。然而股价过快上涨似乎没有被有效抑制。管理部门以为市场太强了，就进一步加大抑制的措施。殊不知，在政策重压下，股市还没来得及低头，只是惯性在身，不得不继续上涨。

那么，放弃审批和管理部门对股市的其他干预是否就够了？还不够！交易所要产权改革，法治要完善。只有高管与企业利益一致，坑蒙拐骗一定会受到应有的惩罚，股市才可能健康起来。

2015 年 6 月

证监会要懂市场

中国股市暴涨暴跌，除了受"期指 T+0，现货 T+1""大股东随意减持，无提前公告"等不合理制度的影响外，还有一个极其重要的原因，就是证监会官员不懂市场。

股市上涨，主力需要不断吸筹，做出多头排列。筹码不够，拉升就是为他人抬轿。做出多头排列，是告诉散户我筹码足够集中，只等东风便开拉了，让散户跟风，从而拉得更轻松。

主力做这一切，需要时间。没有做好准备，是不能拉升的。可是证监会和有关部门不懂，急不可耐，见市场没有如自己想象得那样好，就不断释放各种利好来唱多股市。当主力做好了这些前期准备，开始拉升的时候，叠加了证监会和有关部门释放的各种利好，股市焉有不疯狂的道理？

主力做这一切，也需要成本。一旦做好了拉升前的准备，拉升的成本就降低了，即使遇上利空，可能也要迎头继续拉升。这就意味着，一旦股市进入拉升阶段，想让其马上停下来，其实是不容易做到的。是故，牛市中有"利好是利好，利空也是利好"的说法。熊市也有相似的惯性，熊市中"利空是利空，利好也是利空"。

　　然而，证监会和有关部门的官员们不懂得这个道理，还以为市场会像他们的下属那样，让向前就向前，让向后就向后，须臾不敢耽误，多一步少一步都不行。如果市场没有立即听话，他们就意气用事：无限扩容、猛烈抽水——又是查两融，又是禁止场外配资。殊不知，当股市立即掉头的时候，政策力度已经过度了。

　　他们更不知道，这次是杠杆市，用力过猛会造成多杀多的局面。做空的成本极其低，再叠加证监会和有关部门的力度过大的干预，又焉有不暴跌的道理？所以我早就写文章说，这次调整，无论剧烈程度还是下跌幅度，都会超过任何人的想象。

　　一周前还在严查两融、限制场外配资，一周后又鼓励做杠杆了。天下哪有这样的政策？

　　证监会不懂，给股市降温，要试着一点一点加力，然而救市则要集中力量，毕其功于一役。挤牙膏式的利好，只会加剧股市暴跌。股市下跌前，主力要减筹码。在下跌过程中，由于筹码已经分散，即使有利好出来，也不可能掉头来上攻。另一方面，主力手中毕竟还有一些筹码要在下跌过程中释放，他就不能让股价跌得太厉害，否则这些筹码出不去。现在好了，有证监会的利好来反复诱多，主力就可以轻松出货。证监会挤牙膏式的利好，本质上不是在救市，而是在帮助主力套小散。主力既然货出，市场狂泻也就好理解了。

　　　　　　　　　　　　　　　　　　　　　　2015 年 7 月

注册制只能在熊市推出啊

中国股市牛短熊长、暴涨暴跌，充满投机性，业绩一般的公司可以炒出天价来，根源在哪里？根源在于审批制！

按说证监会只应该管规则制定，检查是不是违法了，其余的应该交还市场。然而证监会实行审批，美其名曰保护投资者。可是30年过去了，审批制下的中国股市保护投资者了吗？

那些批评A股投资者不搞价值投资的人不明白，好公司哪里都能上市，为什么要接受你的审查？去国外上市好不好？通过审批进来的许多是垃圾公司，你让股民怎么价值投资？也有业绩好的公司，但它们不分红啊！不分红的公司再好，与广大投资者又有什么关系呢？说来不难理解，既然知道股民没有选择，为什么要给你分红呢！在这样的市场上，价值投资有什么意义？

所以，不要批评股民不理性，要问问我们的股市到底怎么了。股民这样做恰恰是理性！

反之，如果放弃审批，任何公司只要符合规定都可以上市，那么公司之间就要展开竞争。你分红少，又没有发展前景，那么就没有人买你的股票，你就只有退市了。在这种情况下，价值投资才有可能，同时股市才可以起到资源配置作用，而不是像现在这样成为圈钱的场所。

企业是不是盈利、有没有前途，证监会不要管。投资者花自己的钱买股票，能不理性分析吗？

股市的爆炒也跟审批制有关系。审批减少了股票供给，给爆炒提供了可能。而基金公司拿别人的钱炒股，在审批之下又缺少竞争，它就敢于去疯狂地做一只股票。如果可选择的基金很多，每一只基金都面临巨大竞争压力，那么乱来的基金就没有办法生存。从现在披露出来的情况来看，有些高价股背后是基金高度控盘在爆炒。

当然这里面还有产权的原因，如果老板在基金里投了资、下了重注，他还会乱来吗？现在倒好，基金老板赚了是自己的，赔了是别人的。这样人人都会沦落得连赌徒都不如——赌徒是用自己的钱在赌，他不能不做出理性的判断和选择！

但是仅仅推行注册制还不够，还必须要按照严格的法律法规来执行！

如果弄虚作假、圈钱骗人，那么必须得到严惩，让其倾家荡产。否则，一旦作假骗人成为发财致富的好门路，那么谁还愿意去老老实实、辛辛苦苦地做实业呢？

证监会应该把工作重心放在监督企业是否提供虚假信息、是否存在会计作假、信息披露是否合规，以及对这样的违法违规行为做出处罚上。可是证监会在这方面做得很少，反倒是天天判断股指是不是高了、有没有泡沫、投机性是否强了。昨天它说4000是牛市新起点，今天打压主板，明天警示创业板风险。昨天它还在鼓励配资，今天又要严格清理。清理也可以理解，但是都跌回3000点了，仍然要在给定时点前赶尽杀绝。为什么不可以限制增量，让存量慢慢消化？它似乎不知道，价格低的时候，其实是市场在鼓励买入，这个时候你出面鼓励买，焉有不过度涨高的道理？价格高了，其实市场已经在鼓励卖票离场了，这个时候你再出面打压股市，焉有不暴跌的理由？如果你都知道高不高，还要市场干什么？

用脚后跟都能想明白，注册制要在股票价值严重低估、跌到跌无可跌的时候推出。牛市中资产价格被高估，排着队上市，推出注册制市场能平稳吗？在1600点的时候，证监会不推出注册制，反而在那里限制首次公开募股，怎么行呢？

我在微博上说：有没有这种可能，通过国家队掩护，让机构和大股东撤出来，然后让股市跌透，推出注册制，让股市发挥资源配置的功能？网友笑我傻，说真是呆哥。

虽说仅仅推出注册制，股市还不能健康发展，但没有注册制，股市一定不可能健康发展。

放弃审批制，推行注册制，让管理部门的手不要伸得过长，同时弘扬法治，让弄虚作假者得到应有的惩罚，中国股市才可能真正摆脱赌场性质，成为健康的资源配置的场所。这才是真正的改革。但是，这样的改革不能由证监会主导。

2015 年 9 月

不看好经济但看好股市

从宏观角度看，中国经济增长必须从过去主要依靠投资、出口拉动，转向依靠消费、投资、出口共同拉动，特别是依靠国内消费来拉动。然而，没有收入却让人消费就是笑话，因此需要增加老百姓的收入。收入有两个来源，一个是劳动，另一个是资产。一个人一天最多工作24小时，因此劳动收入是有限度的。要有效增加老百姓收入，就必须让他们获得资产收入，这就要求把重要生产要素界定给老百姓。

从微观角度看，经济困难在于生产成本上升、竞争力下降，企业面临生存困难。因此，必须降低企业的生产成本。把包括学校、医院在内的企事业单位界定给个人，这样不但可以有效提高效率，而且可以大幅度减少财政支出，从而为大幅度减税、减轻企业负担创造条件。同时，政府还要裁员。这不仅可以减少财政负担，更重要的是只有这样，才可能真正放松管制。

不要试图重振房市。重振房市意味着工人生活成本、企业生产成本居高不下。即使这样避免了一时下滑，经济最终也会因为企业竞争力下降而死掉。土地财政终有尽时，眼前的财政困难可以通过发债来解决。把产权界定给个人可以减少财政支出，再用发债代替土地财政。这样做，虽然眼前有些困难，但是会给未来带来繁荣，未来经济的繁荣可以偿还现在的债务。

这是中国经济唯一正确的出路。如果政策正确，中国经济会向好，股市趋势必然反转。

当然，即使政策立即纠偏，股市也很难马上反转，因为从技术的空头排列转向多头是需要时间的。但可以肯定，如果政策全面、彻底地走向市场化，那么股市立即见底是可以肯定的。

如果政策不走向我所说的正确道路，情况又会怎样呢？那么经济就会越来越恶化。

然而，不要简单地把经济恶化和股市走熊对应起来。经济恶化的前期，股市会走熊，但伴随着经济越来越恶化，股市的反转就要悄然开始了。经济严重恶化，未来股市反而会大好。

当今是信用货币时代，领导人又非终身制，这使任何国家都有超发货币的冲动。这正是当今世界虚拟经济游离于实体经济之外，自我循环，自我膨胀，充满投机性的原因。很多国家根本无法约束货币超发，这是大格局。我们投资理财，一定要深刻把握这个大格局。

委内瑞拉经济到了崩溃的边缘，然而其股市大涨百分之六百。华尔街金融危机后，有几个国家股市不是创了新高吗？中国股市没有创新高，那是因为房市创了新高啊！

世界上有两类经济危机：一类是美国式的，表现为像雷曼那样的大投行都倒闭；另一类是委内瑞拉那样的，不会有大银行、地方政府破产倒闭。中国不可能出现地方政府破产的事情，也不会出现如雷曼那样的大投行倒闭的事情。然而，这并不是说中国的问题不严重。

要想不出现像美国那样的疾风暴雨式的危机，超发货币是无法避免的。但超发货币又会引发汇率大幅度贬值。

我相信，当出现危机的时候，内部稳定重于外部稳定。经济严重恶化，必然会让汇率大贬，然后给货币宽松腾出空间。这也说明，如果政策不能全面、彻底地走向市场经济，那么在人民币汇率大贬之前，趋势性行情是不可能出现的。

复杂的是，不知证监会能不能下决心推出注册制。注册制不仅能从根本上改变股市供求关系，而且会导致股价结构性大变化。一些绩优、有成长性的股票价格会大涨，另一些壳公司股价会跌到地板。这一点必须考虑到。

从逻辑上讲，注册制要在股票价值严重低估、跌到跌无可跌的时候推出。牛市中资产价格被高估，排着队上市，推出注册制的话市场能平稳吗？证监会当然不愿意推出注册制，因为这等于是解除了他们的审批权。但是如果不推出注册制，中国股市就注定牛短熊长、暴涨暴跌，无法承担资源配置的功能。

如要真心推出注册制,那么就得放任股价跌透。当然,这并不意味着政府救市不正确。大量融资来自银行,大股东也把股权质押给了银行。如果不救市,很可能会出现系统性金融风险。但当融资盘被清理,大股东的质押股权也解决了的时候,政府会不会放任股市下跌,然后推出注册制?不好说,因为这样将导致信用和经济下滑。要不要承受这样的短期剧痛?这需要从政治上来做决断。我不懂政治,无从准确判断,不过总体趋向于不愿意承受这样的短期剧痛。

我觉得当前的股市反而好做,至少我个人是喜欢的。轻仓,高抛低吸。涨高了,毅然卖掉,跌下来坚决买入。反正人民币没有大贬之前只有反弹,不可能有趋势性行情,不怕踏空。美元加息、中国出现债务危机、外围再次爆发金融危机,这些潜在风险也可能让股市再次大跌。但在目前点位上,应对不确定性的正确做法可能不是空仓什么也不做,而是轻仓以控制风险。

我要强调的是,出现企业倒闭潮、经济到了危险边缘的时候,可能股市的底就临近了。这是中国特色。这也是前文所述的大格局所决定的。当然,这绝不是说股市很快就趋势向好了。但可以肯定,股市不会像2007年之后那样趴在那里熊7年,因为不再有房地产分流资金了。我不能判断短期走势,但无论如何,都看好股市的未来。然而,关键是你要活下来。

我曾正确推断了上一次房市的拐点。泡沫化与高杠杆化紧密联系。在泡沫化中,没人愿意让钱久留手中,同时更多的人希望借钱花。一笔钱被反复借贷，债权债务链无限延伸，广义货币跟着就膨胀起来。在泡沫化中，赚钱那么容易，银行不会让钱做存款被提取准备金，理财产品于是应运而生。理财产品让银行可以将储户的钱全部用于生利，这杠杆还不高吗？广义货币和理财产品短时间巨幅膨胀，正是泡沫化、高杠杆化的表现。杠杆长了，一笔坏账会派生出众多的坏账来，产生庞大的资金需求，就把利率拉高了。杠杆隐藏在微观主体之间，是否断裂，看不见，摸不着。但是，利率短时间巨幅拉升意味着杠杆断裂了。因此，上一次房市的拐点不是2014年初看得见的房价下降，而是2013年6月的"钱荒"。

我也曾成功预测了上一次股市上涨的拐点。中国拥有世界第一的货币量，资本项目又是被管制的。因此当房价不涨的时候，股市上涨的机会就来了。当然，覆巢之下无完卵。如果房市硬着陆的话，股价也不会涨，甚至还要大跌。那么股市上涨的拐点到底在哪里呢？2014年7月，我见政府出手救市，又是给国开行注资，又是定向降准，又是放松限购，就写下《股市的春天正在悄然到来》这篇文章。我当然知道需求管理救不了经济，但它可以托住经济不让其在短时间内硬着陆。一旦硬着陆的风险下降，房价跌、股价涨的逻辑就成立了。

然而，未来真的不好推断。在股市下跌的过程中，我两次抄底被套，不得不割肉出局，可见我也会犯错误。所以，本文仅供参考。

2016年2月

中国版“量化宽松”

今年国庆长假后的第一个周末，央行宣布试点商业银行用信贷资产做抵押向央行再贷款。很多人惊呼：中国版“量化宽松”已开始了。我感兴趣的是：这是量化宽松吗？

“宽松”好理解，顾名思义就是超发货币。“量化”呢？就是明确告诉大家，超发多少。美国搞了三轮量化宽松。我记得第一轮是7000亿美元。明确告诉社会要超发多少，就是量化宽松。

降准、降息也是宽松，但此宽松不同于量化宽松。降准、降息是在给定的基础货币下促使钱更多流出银行体系，量化宽松则特指增加基础货币，即俗话说的印钞票。

钞票是一国货币创造的基础。正因为其是基础，所以各国不仅有严格的法律程序规定印多少，事前还要说得清清楚楚。7000亿就是7000亿，一分钱也不能多印。

信贷资产再贷款是什么意思？就是商业银行将贷款协议抵押给央行，要求再贷款。这笔本来应该由企业归还的贷款，现在由央行提前还给了银行，经济中的基础货币也就增加了。商业银行可以凭比扩大贷款基数，贷款制造存款，存款再制造贷款，贷款再制造存款……如此循环往复，货币于是数倍扩张。

假定信贷资产有一半可以再贷款，90万亿左右的人民币贷款，一半就是45万亿，折合美金7.5万亿，吓死美联储耶伦大姐！当然，你会说央行会适度控制规模。这我也知道。但是到底会放出来多少货币？你不知道，我也不知道，那么怎么能叫量化宽松呢？

对于20世纪80年代末90年代初的恶性通货膨胀，我们应该还有记忆。朱镕基总理是怎样治理的？两招：一是让中国人民银行成为真正意义上的央行，不再给工商企业贷款；二是让人民币与美元挂钩，挣1美元，才可以向社会投放8.4元人民币，也就是才可以印8.4元的钞票。

1995年后，在《中华人民共和国中国人民银行法》的约束之下，印钱无论如何都是有规则可依的。盯住美元，通过换汇来释放货币，是一条有轨迹可循的货币制造方法。尽管这办法有弊病，但货币发行总算是有约束的。

但是，这次央行大胆演绎，直接跳过了《中华人民共和国中国人民银行法》！中国不是量化宽松，而是只有宽松，没有量化。这是货币制度的根本改变。你不告诉大家，到底要发多少，那么我就只能认为你的超发将超过我们的想象了。前事不忘，后事之师。津巴布韦、委内瑞拉的货币政策就是只有宽松，没有量化。

或许你还要辩解：虽然理论上可以放出很多货币，但是商业银行不一定有借款意愿。因此货币未必大量超发，而且也不会一下放出来。可是当商业银行面临支付困难时，它能怎么办？

我也不相信，政策制定者不知其中的危害。或许，隐性坏账已经使得央行不得不接盘，往经济体注入资金，特别是为债台高筑的地方政府融资平台注入资金。至少，不得不打消人们对可能的银行挤兑风潮的担忧。毕竟，就算商业银行贷出去的 100 万元收不回来了，总可以用贷款合同作抵押，从央行重新借回 100 万元，那么还有什么担忧挤兑的呢？

如此，地方债务危机和银行支付危机的风险基本解除了。但是，极有可能要付出的代价就是，货币贬值很快蔓延，资本继续外流，直至汇率大幅贬值。如果政府强行资本管制，那么国债、黄金等资产将大涨，而股市也会迎来一波上扬。

在此条件下，银行和地方融资平台的坏账越严重，越利好股市！

无量化的中国式宽松开始了。在 2015 年 10 月 12 日的微博中我曾写道："中国版量化宽松开始了？美国版量化宽松明确说印 7000 亿美元。我们用信贷资产抵押向央行再贷款，会放出来多少？不知道。所以中国只能叫宽松，不能叫量化。哪个可怕？你懂的！"

2015 年 10 月

"供给侧改革"与股市

需求管理救不了经济。在《凯恩斯、屠夫与经济危机》一文中，我曾经和已经去了天国的凯恩斯勋爵做了个约定：假使需求管理真能带领世界经济走出危机，走向繁荣，那么我就不做经济学了，我要回老家农村杀猪去。因为真要那样的话，杀猪便是一个更有技术含量的活计。

11月12日，中央财经领导小组会议宣布"供给侧改革"。

我不知道，中央财经领导小组会议宣布的"供给侧改革"其确切含义是什么，但我知道，促进经济增长的"供给侧改革"只能是去杠杆、放松管制（包括打破行政垄断）、减税、国企产权改革、土地等生产要素的产权完整且清晰地界定给个人（土地确权、流转）。

走"供给侧改革"的道路是对的，然而实施起来，或者要利益集团放弃既得利益，或者经济要承受短期阵痛。问题是：利益集团放得下既得利益吗？我们承受得了经济的短期阵痛吗？

其实，本届政府刚上来的时候，经济政策总体上就是坚持"供给侧改革"的，很是热了一阵子，然而后来不大提了。可见，"供给侧改革"实施起来确实不易。

不减支，怎么可能减税？不把包括学校、医院在内的事业单位界定给个人，不把增加经济社会运行成本的种种做法革除掉，又怎么可能大幅度减少财政支出？

不把土地等重要生产要素完整、清晰地界定给个人，让老百姓获得资产性收入，国内消费需求怎么能上得来？怎么摆脱投资依赖，实现从过去主要依靠投资、出口拉动经济增长，转向依靠消费、投资、出口共同拉动，特别是依靠国内消费来拉动？

越是高级的产业，越是涉及跨时间、跨地域的交易。这意味着声誉机制至关重要。然而，如果产权不清晰界定给个人，谁会在意声誉的价值？孟子讲："无恒产者无恒心。"这也意味着法治的极端重要性。可是产权不明确，法治又怎么可能真正推行？产权没有保障，法治不能推行，产业升级并且自由化的结果怎么可能好呢？

既担心经济下滑，不想承受企业倒闭的代价，又要去杠杆，这两者怎么兼顾？我当然相信政府"供给侧改革"的决心，但我也深知其难度。股市担心的正是"供给侧改革"不能有效推进，而需求管理的力度又降了下来。当然，注册制到来和美元加息窗口临近也是股市担心的。

在审批制下，市场上充斥的是一些烂公司。即使有好公司，没有分红的压力和激励，对于股民来说又何尝不是烂公司？壳居然那么值钱,就是 A 股市场特有的现象。既然股市上充斥着烂公司,那就没有价值投资的必要。这就是中国股市暴涨暴跌、充满投机性的原因。

而在注册制下,股票将不再稀缺,壳不再值钱,烂公司会遭到淘汰。只有在注册制下,人们才会选择价值投资,中国股市才可能摆脱暴涨暴跌、过度投机的属性,慢牛才可能出现。

虽然注册制长期利好股市,但是短期是利空的。因为在审批制下,现有的股票都享受了一定程度的发行溢价。首先,随着注册制的到来,现有股票的发行溢价势必会消除。其次,烂公司的股价会大跌,甚至会退市,这也是潜在的风险。注册制会引起股票价格的结构性巨变。

我不知道"供给侧改革"会推进到什么程度,但可以肯定注册制正向我们走来。注册制的推出宜早不宜晚,本应在股市跌无可跌的时候推出,至少不能让股指涨高了才推出。

从美联储的表态看,12 月加息的概率在加大。这也需要短期做一个回避。

美元加息会加大人民币贬值、资本外流的压力,应对的办法是人民币一次性贬值。然而,因为有加入特别提款权的考虑,央行不得不维持汇率稳定。但这样外汇储备将不断流失,不仅代价昂贵,而且也不可能持续。预计加入特别提款权后,人民币贬值的可能性很大。

　　中国国内生产总值是美国的 70%，而且美元是世界主要储备货币，然而人民币存量却远远超过了美元。单纯进行人民币存量与美元存量之间的比较，便可以知道人民币贬值几乎无可避免。

　　注册制和美元加息都是大事件，必须考虑其对于股市的影响。而且，企业、银行坏账还没有完全暴露，假如真的实行"供给侧改革"、去杠杆的话，债务违约会不会引发金融冲击？

　　所以，我选择大幅度降低仓位。并非我不看好股市——我可以不看好经济，但是不能不看好股市。正因为"供给侧改革"有难度，所以我坚信需求还会进一步扩张的，因此有什么理由不看好股市呢？

2015 年 11 月

注册制会来得比你想象得快

自2015年6月股灾以来，证监会一直在从场外到场内清理配资，是剿灭的节奏。

证监会意欲何为呢？我推断，证监会是要为推出注册制铺平道路，为可能的股市下跌消除潜在隐患。

在审批制下，上市公司是稀缺的。正因稀缺，在A股市场上炒概念、炒题材、炒壳资源才成为一道道独特的风景线。在审批制下，股市很难有效配置资源、发挥服务实体经济的功能。

要股市有效配置资源、发挥服务实体经济的功能，必要条件之一是推行注册制。

我多次说过，注册制要在股市跌无可跌的时候推出来。证监会在股市2000点、1600点的时候不推出注册制，非要等股市涨到4000点以上才推出，这怎么行？

然而，事情正在起变化。现在是证监会迫不及待要推行注册制！

不要在意其说什么，要看其做什么。说控制发行节奏，对发行价格也会有所控制，这里面有真有假，但总体当不得真。从场外到场内剿灭配资来看，首次公开募股（IPO）会加速，注册制会加快。

在审批制下，现有股票都享受了一定程度的发行溢价，A 股市场整体估值偏高。当然，A 股市场估值偏高，并不完全是审批制的原因，还与中国货币超发、资本项目受到管制导致钱流不出去、土地公有使货币缺少载体有关系。

这意味着，注册制将带来两大变化：其一，A 股市场的整体估值会下移；其二，股价会发生结构性变化，低市盈率的价值股和成长股可能会获得人们的青睐，靠炒概念、题材的高价股会大跌，而一些壳公司则有退市的可能。剿灭配资，就是要避免多杀多式的股灾再发生。

但是我要强调，正因为 A 股市场整体估值偏高还与资本项目管制、土地公有使货币缺少载体有关系，所以即便注册制到来，A 股市场仍然可能估值偏高，还会高于 H 股。

在注册制下，不是不要监管，而是监管的方式和内容会发生变化：不再审查企业盈利的情况及其前景，而是审查信息披露是不是真实，会计报表有没有作假，是否存在内幕交易，等等。

注册制短期利空股市，但是长期利好股市。绝不是实行注册制了，大家就都抢着去上市。不能做假、不能圈钱，假如企业发展不需要上市，为什么还抢着上？当然，这需要法治跟上。如果法治能跟上，那么注册制将开启中国股市的新纪元。然而，多少令人担心的是，法治可不是说搞就可以搞起来的。这一点我们必须清楚。

在注册制下，股市参与者必须调整自己的行为。

在金本位或者金汇兑本位下，没有货币超发、流动性泛滥等问题，挣钱要靠提供实实在在的产品和服务，这的确非经济学所能。然而，当今是信用货币时代，货币超发、流动性泛滥，虚拟经济游离于实体经济之外自我循环、自我膨胀，充满投机性。这时，经济学就有用武之地了。

当然，这种经济学不是学院教的所谓主流经济学，而是教给你常识的经济学。

常识是什么？货币多，价格就一定要上涨。但是房价疯涨，股价是不会涨的。反过来，房价不涨，股价就要涨了。这就是经济学所说的机会成本的意思。房价不断上涨，如果你一意孤行就是要去买股票，那么就放弃了房市的高收益。房市的高收益，是炒股的高（机会）成本。房价不涨了，炒股的成本就下降了。而货币又还是多，因此房价不涨，股价怎么可能不涨呢？这就是我在 2014 年 7 月《股市的春天正在悄然到来》一文中的主要观点。

常识是，当人民币处在升值通道中的时候，B 股的表现一定会比 A 股差。反过来，人民币处在贬值通道中，那么 B 股的表现又一定会好过 A 股。人民币处在贬值通道中，人们换美元，会增加对于 B 股的需求，减少对于 A 股的需求。B 股不只是好过 A 股，而且会绝对地好过。

换美元，买 B 股？问题是：人民币兑美元在贬值通道中吗？

第一，中国经济处在相对下降中，美国经济处在相对上升中，美元在加息通道中，人民币则还继续在宽松过程中。第二，人民币货币量增长远远超过美元，中国广义货币增长率为 13%，不仅远高于美元增长率，也远高于国内生产总值增长率。2008 年的时候中国的货币量与国内生产总值在世界的排名大体相当，处于第三的位置。然而，到了 2012 年就达到 97 万亿元，中国的货币量一跃超过美元成为世界第一，现在则是 135 万亿元。第三，中国除了人工，什么都比美国贵。在美国，中国生产的东西卖价竟然还比中国便宜。第四，中国还处在去杠杆、挤泡沫的过程中，地方融资平台和银行坏账还没有充分暴露，而国家又不会允许地方政府和大银行破产。它会怎么办呢？第五，目前中国只允许一部分人民币与美元兑换，将来有可能会让全部人民币与美元兑换。中国虽有 3.6 万亿美元外汇储备，也存在外汇管制，但是经不住十几亿人的蚂蚁搬家，人民币兑美元焉能不贬？

重要的是实际汇率，而不是名义汇率。实际汇率有两种调整方式：一是通过调整名义汇率直接调整实际汇率；二是通过工资和物价的变动间接调整实际汇率。升值的时候，可以固定名义汇率，让工资和物价上升，间接调整实际汇率。这很简单，只需增加本币发行就可以了。但是贬值的时候，由于工资向下调整有刚性，如果没有足够的外汇储备来干预市场，那么就只能下调名义汇率了。一般来说，贬值通道中的货币，名义汇率贬值几乎是无法避免的。

所以，我在 6 月份就告诉朋友们换美元。自 9 月份以来，我不停地在微博上告诉大家兑换美元，增持 B 股。这是因为：第一，人民币兑美元还要大贬，资金会流入 B 股；第二，注册制 A 股扩容，B 股稀缺性相对上升；第三，B 股对 A 股平均有 40% 的折价；第四，如 B 股转 A 股，就挣大了！

人性真有意思！我天天说换美元，买 B 股，在微博中提醒不下五次，却没有人理会。现在 B 股涨得很厉害了，关注的人倒多起来。难道散户们真的都是追涨杀跌的主？

尽管 B 股已经涨得很厉害了，基本上都已创出了新高，但我认为仍然还有较大的机会。

2015 年 11 月

熔断机制

自 2016 年 1 月 1 日实行熔断机制起，四天时间内，A 股触发四次熔断。网友问："你家保险丝老烧掉，是不是该检查一下线路了？"的确，是该检查一下线路了！

实行熔断机制的初衷，是当市场出现非理性暴涨、暴跌的时候，应该停止交易一段时间，给大家冷静思考、回归理性的机会，以期避免股市过度波动。美国实施这项制度几十年来，只触发过一次熔断，然而中国股市四天触发四次熔断。"橘生淮南则为橘，生于淮北则为枳。何故？水土异也！"

熔断机制稳定股市的前提是，市场本来处于或者大体处于均衡状态，波动只因人们的非理性乐观或悲观情绪而起。道理一点都不深奥，不可能说市场本来有调整的需求，只是因为停止 15 分钟或者半天、一天的交易，人们就改变行为了，市场就不再调整了。

然而，当前 A 股市场完全不符合熔断机制稳定股市的前提条件。

A 股实行审批制，股票大都存在发行溢价。正因如此，炒壳、炒概念才成为 A 股市场上一道道独特的风景线。中国拥有世界第一的货币量，资本项目又管制，钱流不出去；土地等重要生产要素还公有，缺少货币载体。所以同样的股票，A 股被高估，比 H 股的估值高很多。

假定审批制、资本项目管制和土地公有，A 股的高估值是均衡。然而，现在处在变革过程中——注册制即将到来，人民币在贬值，自由兑换是政策目标，A 股因此而处在价值回归的过程中。A 股是不是真需要回归其实也不重要，重要的是人们此时会产生这样的回归预期。

正常情况下，当股指下跌 7% 的时候，会有一些投机资金进来抢反弹。这对空头是一种重要的制约力量。在 T+1 制度下，当天买入的股票要第二天才能卖出。如果其当天遭遇多头反扑，面临反转甚至爆仓的风险，就只能束手待毙，因此也就不敢肆无忌惮地做空了。然而因为有熔断机制的帮助，一旦把股指打压到 7%，市场当日将不可能再有翻盘的机会。如此，当天因为 T+1 制度的限制而无法兑现的头寸，就可以平滑过渡到第二天轻松出清。

这就是说，T+1 制度和熔断机制的结合，等于单方面给了空头 T+0 的权限。当 T+0 的空头对决 T+1 的多头时，焉有不胜的道理？既然如此，空头又怎么可能不肆无忌惮地做空呢？

由于正常利空因素，股价下跌 3% 是比较正常的。此时，如果做空者加一把力，让股指触发 5% 的熔断阈值，将引起整个市场的关注，引发恐慌。利用恐慌，空头借机可以轻松把股指打压到 7%，然后利用停止交易的机会固守胜利果实，而在此过程中多头几乎不敢反抗。

当然，在股指低估的 T+1 市场推出熔断机制，也会产生同样的向上放大作用。

如果股票指数篮子不具有充分的代表性，那么这种向下、向上的放大作用就会更加严重。例如像 A 股主板那样，中石油等少数股票权重过高，那么通过操纵这些权重股股价，就可以低成本地操纵整个股指。而由于熔断阈值单以 A 股主板指数为参照，于是通过操纵少数权重股，就可以操纵主板、中小板、创业板等整个 A 股市场。实际上，任何指数都需具有代表性，否则必然带来各种扭曲。我曾写文章说明，中国消费者物价指数中食品比重过高，不仅严重扭曲货币政策，也造成农产品市场的过度波动。二者背后的道理有相通的地方。

这就是 A 股四天触发四次熔断的背后逻辑：首先，A 股被高估，本来就有下调的压力（未必真高，有下调预期就行）；其次，在 T+1 制度的价值高估市场上推出熔断机制，将会雪上加霜。

不是中国不可以有熔断机制，而是应该在股市平稳的时候推出，不能在股指严重被高估或低估的时候推出。不能在注册制和人民币自由兑换等重大制度变革的前夜推出，正如注册制要在股价跌无可跌的时候推出来，熔断机制不能等股价涨高了再推出来，而且不能要 T+1。

有了涨跌停限制，再熔断，确实是多此一举，还事与愿违。

2016 年 1 月

谈谈中国 A 股的市值

截至 2016 年 1 月 15 日收盘，苹果公司市值 5836.69 亿美元，谷歌公司市值 4905.49 亿美元，而 A 股总市值 427017 亿元人民币，总流通市值 337870 亿元人民币。按 1 美元兑换 6.59 元人民币的汇率计算，A 股总市值 6.48 万亿美元。苹果和谷歌两家公司市值之和是 A 股总市值的 16.58%。

美国最大两家公司竟是中国 A 股总市值的 16.58%！如果拥有 30% 的股份，就基本拥有了控制权。那么，这就意味着，只需要 1.94 万亿美元，美国就能拥有整个 A 股上市公司的控制权。由于 A 股的上市公司基本控制了国民经济的方方面面，这也意味着只需要 1.94 万亿美元，就能控制整个中国经济。如果 A 股再往下跌，跌到 2500 点，只需 1.67 万亿美元；跌到 2000 点，只需 1.34 万亿美元，也就比苹果公司和谷歌公司的市值稍多一点罢了。也就是说，到时苹果公司和谷歌公司就能控制整个中国经济。

听起来荒唐不？然而数字和逻辑却是真实的！

如果中国的经济增长是真实的，那么就是 A 股上市公司的价值被低估了！

就算中国经济的增长率被高估了，6.9% 打对折，3.4% 在国际上比较起来，也是不低的啊！现在 6.9% 低了，前些年高增长的时候呢？所以我们要问：上市公司的利润到底去哪里了？

不是公司不具有盈利的潜能，而是公司的利润跑冒滴漏和隐性化了。

今天，国际原油价格从最高 140 美元跌到 30 美元，然而国内成品油价格又降了多少？不盈利？那允许我来卖油好不好？中国的水、电、气、公路的价格在世界上都是高的，可是有关的上市公司却仍然不盈利！

也不是没有盈利的公司。

但是在审批制下公司的确没有分红的激励。好公司干吗讨好你去上市呢？干吗不去美国、中国香港上市！而那些烂公司是怎么上市的？敢让它们退市吗？就算有好公司，它知道投资者没有选择，干吗要给分散的股东分红呢？

一些公司的大股东竟然在那里买卖股票赚差价，可见其主业状况。这种大股东减持的公司，股票就该遭抛售，股价就该暴跌，然后被退市。监管部门不是打通退市通道，而是在那里限制减持，牛头不对马嘴！"宝万之战"中，宝能系被很多人指责，然而在我看来，真正的大股东就应该有像这样的目标——冲着公司控制权，而不是在那里追涨杀跌，赚取股价差额。

我想说，不用判断经济的未来前景，也不用分析政策的未来走势，更不用讨论股价的结构性变化，只需把跑冒滴漏的利润拿回来，还给股东，A 股的整体表现就会判若云泥。

2016 年 1 月

经济学与散户股市投资

　　股市是经济的晴雨表？这个说法其实极其谬误。要是按此做股票，不把裤子输掉才怪。在金本位制下，股市是经济的晴雨表。然而当今是信用货币时代，这就决定了这是一个货币超发、流动性泛滥、虚拟经济过度膨胀的时代。我们投资理财必须知道这个大格局。在这个大格局下，股市不再是经济的晴雨表，而是资金的晴雨表。

　　股价是资产价格，具有先行决定的特征。昨天的股价对应的不是昨天的经济，而是今天的经济；今天的股价也不是对应今天的经济，而是明天的经济。前些年经济看起来还不错，可是股市却一塌糊涂，是因为资产市场早已预期到今天的经济困难。今天经济困难，不是利空股市，可能利多股市。因为今天跟明天不是一回事，今天经济困难，不意味着明天也困难。今天经济困难，那么政府就会刺激经济。不管财政刺激，还是其他刺激，最终都要体现在货币扩张上。货币扩张，怎么能够不利好股市呢？所以股灾过后，我就反复讲，当经济极度恶化的时候，股市也就见底了。看到第三季度的数据很难看，我就满仓重新杀入股市。

一般来说，经济形势好，股市也会好，因为企业红利回报会高。但是绝不能说经济不好了，股市就一定不好。遍观世界各国，经济高速增长的时代，股市恰恰不是增长最快的时期，反倒是经济高速增长结束之后，股市大幅度冲高。道理不难理解：经济下滑，政府都会扩张货币以刺激经济，然而实体经济绝对不可能靠扩张货币而刺激起来，钱最终会进入股市推高股价。

那些抱着"股市是经济的晴雨表"教条不放的人，不是慢一拍就是快一拍，不是错过机会就是过早入市了。失之毫厘，谬以千里。这些人在股市上焉有不输的道理？

也可以说，股市是经济预期的晴雨表。股价是对预期的反应。2014 年 11 月，第一次降息引起了股市的疯涨，然而后面降准、降息后市场反应却平淡无奇。为什么？因为第一次降息给市场传递了货币政策从此将走向宽松以及后面将有一系列的降准、降息的预期。第一次降息后市场的疯涨不只是对于这一次降息的反应，同时也是对于后面一系列降准、降息的反应。既然后面的降准、降息已经被第一次降息后的疯涨消化了，市场反应自然就会平淡无奇，甚至股价可能下降。这就是"见光死"的道理。平均来说，降准、降息后，股价 60% 的概率会下跌。

买股票买的是未来。F10 中的信息对于买卖股票基本上没有什么意义，因为公开的信息无论好坏，都已经反映在股价之中了。如果说有，那也是从中能推断出未来的信息。比如股权集中度，因短期不容易有大变化，故可以做未来的参考。只有那些现在还没有公开，未来会影响公司利润的事件才会对股价产生影响。这就要求我们关注重大政策和事件，在市场还没有做出反应的第一时间，就做出选择。这应该是散户盈利的不二法宝。

1995 年后，《中华人民共和国中国人民银行法》规定，人民币盯住美元。我们挣回 1 美元，才能发行 8.4 元人民币（人民币升值后要少些）。尽管这办法有弊病，但货币发行总算是受到约束的。当央行公布试点商业银行用信贷资产作抵押向央行再贷款的时候，我知道这不是量化宽松，而是有宽松、无量化。这是货币制度的根本改变。

闸门已经打开。因此我在 2015 年 10 月 12 日的微博中写道："中国版量化宽松开始了？美国版量化宽松明确说印 7000 亿美元。我们用信贷资产抵押向央行再贷款，会放出来多少？不知道。所以中国货币政策只能叫宽松，不能叫量化。"

就在这个周末，媒体报道在中日竞争印尼高铁项目中，日本落败，中方胜出。中国出钱，印尼控股，无须印尼政府担保。10 月 19 日我在微博中写道："在印尼贴钱建铁路，可能是对自己的东西太有信心，权当做广告。那对铁路建设及配套设备是重大利好。不管你赚不赚钱，我只关心开不开工。早上低点毅然买入相关股票。"

股票买的是变化。这就是创业板比主板涨得好的原因。创业板是新兴产业，未来变好的可能更大；而主板是传统产业，就算变好，也很难好到哪里去。创业板盘子小，一笔大的订单就会根本改变企业的盈利状况；而主板盘子大，即使有点变化，也很难掀起大的波澜。所以，创业板市盈率比中小板高，中小板市盈率又比主板高。这是正常的，不这样反而不正常。

我们不是在和公司博弈做股票，而是在和主力博弈做股票。所以，买股票就是买好公司的说法不正确。公认的好公司，其股票反而不可能是牛票，因为筹码会被散户捏在手中，主力不可能低成本吸筹，所以巨幅拉升的可能性就不大。有些公司现在很好，但是未来不可能变得更好，也不可能是好股票。只有那些现在不好、未来可能变好的股票才是牛票。

我曾买过中国一重的股票。这是一只亏损票，其主业是造大型压力容器的，跟核电站有关系。福岛核事故之后，全世界都暂停了核建设，中国一重亏损情有可原。然而散户不一定都明白其中的道理：这意味着主力吸筹的成本就低了。现在重启核建设，国家战略又推"走出去"，想象空间于是打开。它过去不好，未来有可能变好。这样的股票，不大涨就奇怪了，当然是一只大牛股。至于它的业绩是不是真会变好并不重要，重要的是市场存在它可能变好的预期。

我还买过荣盛石化的股票。当时其市盈率高达1000，但筹码低位密集。我于是毅然买入，后来该股票的股价在我手上翻了一番。股市最大的问题是信息不对称，散户没有能力去调查有关信息。但主力一定要去调研的，主力的信息充分得多。主力敢于持有筹码，肯定不是无缘无故的。果然，在我持有的过程中，其市盈率变成了400，现在是50。

主力吸筹和释放筹码都是一件极其费时费力的高成本活动。好不容易集中了筹码，这个时候即使遇到了利空，也会硬着头皮拉升的。反之，好不容易释放了筹码，即使遇到利好，也绝不可能立即掉头再拉升。所以，在股市上涨趋势中，"利好是利好，利空也是利好"；而在下跌趋势中，"利空是利空，利好也是利空"。这些趋势表现出来，就是股市涨要涨够、跌要跌透。

上涨前，主力需要不断吸筹，只有筹码集中到一定程度，才可能拉升。集中筹码是需要支付高额成本的，但是这样做可以降低其后拉升股价的成本：其一，只有筹码足够集中，拉起来才会轻松，才不是为别人抬轿；其二，集中筹码也是做出多头排列的过程。多头排列不只是一个形状，它向市场传递主力筹码足够集中、准备拉升的信息，散户就会跟风。因此，一般情况下一旦股票进入拉升阶段，就算遇到利空，也很难阻挡继续拉升的脚步。这也是牛市中"利好是利好，利空也是利好"的原因。在股票等资产市场，涨就一定要涨够。

下跌前，主力也要不断释放筹码，俗话叫"做顶"，而这也是需要代价的。只有筹码减少到一定程度，砸盘和大跌才可能发生。既然筹码已经少到一定的程度，主力是不会反过来马上拉升的。主力应该希望继续大跌，以便用更低的价格重新获得筹码。这就是常说的破位以后就代表了趋势的改变，趋势一旦改变，不可能马上扭转。跌就一定要跌透。破位大跌后的反弹，很有可能是一种诱多。下跌过程中的惯性则意味着熊市中"利空是利空，利好也是利空"。

已经集中了筹码，即使遇到利空，主力也要继续拉升；已经释放了筹码，即使遇到利好，主力也绝不可能掉转头来拉升。尽管总体看是亏了，但当筹码已经集中之后，路还要继续走完。

大雁要排成行飞行，股市则常常表现出板块联动的特征。孤立的一只股票拉升，散户不容易跟，拉起来就会吃力。板块联动，跟风盘就会多，拉起来必然省力。所以，当板块中有股票拉涨停，就可以适当追其他股票。我有朋友就专门看领涨板块和领涨个股，做短线。

买了股票，现在要不要卖出，跟你花了多少钱买来的，是否被套、套多深，是没有关系的。你持有股票的成本，是此时此刻该股票在市场上能够卖出的价钱，跟曾经你花了多少钱买来的没有半毛钱关系。难道别人无偿送你的股票，你持有就没有成本了？

你不持有这些股票，可以卖了拿钱去做别的事情啊！那些口口声声我被套了、出不来的人，完全不懂成本概念。这种人除非碰上了大运，否则注定会在股市赔钱的。过去的已经随风而逝，要不要卖股票，只能根据当前及未来形势判断，涨的可能性大就持有，否则卖出。过去的决定无法改变，对了就是对了，错了就是错了。上帝让我们的眼睛长在前面，是要我们面向现在和未来，可是有些人偏偏总是盯着过去。

由于边际效用递减，赚的一块钱的价值小于赔的一块钱。所以，止盈点的幅度一般要大于止损点。这是人性，你不能反其道而行之。因此，穷光蛋可以豪赌：不赌的话是黄鳝，赌输了大不了变成泥鳅，万一赢了，就可以乌鸡变凤凰！但是富人就不能豪赌了。可是，有些人股票赔了他就放着不管了，而一旦解套，就立即卖出，仿佛他买股票的目的就是为了解套。有些穷人去买保险，而有些富人反而在那里豪赌。

在股市上，一般不可能有一边倒的看多与看空行情，所以，永远有人买，同时也有人卖。情况总是混沌不清，充满矛盾。这就需要你有先知先觉的本事。但我想，机会总是属于有心人。我经常说，读我的文章，虽不能教你赚钱的直接方法，但能教你客观理性地分析事物的本质。

2015 年 10 月

适当管制资本项目是对的

前不久外出讲课，有听众提问："美国进入加息通道，国内经济又面临下行压力，货币政策应该怎么操作？"猜一猜：我开出的处方是什么？没有错，我开出的处方是资本项目管制！

这并非我一时心血来潮。2011 年至 2012 年期间，我在《金融博览》上的系列专栏文章，早已对这个问题给出了答案。我过去认为，今天也还坚持认为，不考虑与其他制度之间的匹配性，简单地认为开放资本项目就是经济自由，而管制资本项目就是反经济自由，是完全错误的。

我相信，如果没有俄罗斯的经济危机，人们一定会不同意我的观点。

如果货币制度健康，那么资本项目管制就是破坏经济自由。但如果货币制度不健康，那么资本项目管制就可能不会破坏经济自由，而是起到保障经济自由的作用。我不是说资本项目管制好，但是在货币制度出了问题的条件下，资本项目自由兑换还好吗？假如货币制度有问题，是负数，资本项目自由兑换，为正数，负正得负；假如货币制度为负数，资本项目管制为负数，负负得正了。

为什么美国、欧洲开放资本账户没有问题，而俄罗斯、泰国这样的国家开放资本账户就会产生危机？因为前者货币制度相对健康，后者则相对脆弱。发展中国家不只是表现为经济发展水平相对低下，而且制度也是相对不健全的。别的不论，发展中国家央行的独立性能够和发达国家相比吗？

当今世界，领导人非终身制而又实行信用货币制度，货币超发，流动性泛滥，虚拟经济游离于实体经济之外自我循环、自我膨胀就成为常态。如今世界经济的很多问题，根源正在于货币制度出了问题。根本的解决之道，是推行彻底的货币制度改革。在货币制度不能改革或者还没有改革的条件下，还要坚持资本项目自由兑换，就是犯了教条主义的错误。我认为，不要说发展中国家了，就是发达国家，对短期资金的跨国流动实行一定程度的限制也是必要的。

我是主张发展中国家实行固定汇率加资本项目管制的。固定汇率千不好、万不好，但有一条好，就是提供了货币纪律。那些认为固定汇率会导致国内价格不稳定的人，应该去调查一下，看看发展中国家到底是实行固定汇率的时候国内价格稳定，还是实行浮动汇率的时候国内价格稳定。别的国家不说，先看看中国国内价格是在1994年到2005年期间稳定，还是在2005年以后稳定。

有人认为固定汇率下会有通胀、通缩的国家间传导，国内价格会不稳定。他们忽略了这个说法暗含了国内货币制度比国外健康的假定，从而推导出国外货币制度不健康、滥发货币，固定汇率下通胀就会传导到国内。我们不能不问：这个暗含的假定真的成立吗？

2014 年 11 月

不要忘记货币的一元化逻辑

华尔街金融危机之后的一段时间，人们反思以美元为国际本位货币的现行国际货币体系，探讨国际货币体系的重构问题。在国内，一些人热衷于呼吁人民币国际化。

金融危机使世界经济整体陷入衰退，中国也不能幸免。但相对来说，中国的经济形势要好些。这是因为：一是中国拥有巨额的外汇储备，国际收支状况良好；二是国债占国内生产总值的比重低，财政状况也稍好。况且中国已经是经济大国，对世界经济具有重要影响。在整体上陷入衰退的世界经济中，中国的相对地位无疑是上升了。在此背景下，关注人民币国际化是人之常情。不能说人民币国际化不对，但要看人民币国际化的确切含义是什么。

作为货币来说，不是越多越好，而是越少越好。逻辑上，货币是要一元化，而不是多元化。国际货币同样不例外。

历史上，日元和联邦德国的马克都曾一度强势，成为重要的国际货币。不过，那主要是作为储备货币而言的。就交易媒介、价值尺度职能来说，日元和联邦德国的马克没有也不可能冲击美元的国际本位货币地位。

储备货币是可以多元化的。发挥储备职能的岂止是那些强势货币？黄金、白银等很多其他资产，都是可以很好地发挥储备功能的。但是作为交易媒介、价值尺度来说，多元化就是问题了。货币之所以出现，是要用它来节约交易的费用。从根本上讲，交易费用的节约要靠货币的一元化来实现。在原则上，货币多元化则走向了反方向。

欧盟成立后，欧元迅速成为国际货币中的重要一极。仅从表面看，这是国际货币多元化了。然而换个角度看，因为欧元的诞生，世界上十几种货币被一种货币代替而消失了，这是货币在走向一元化，而不是多元化。从欧盟内部来看是这样，从全世界来讲也要这样看。这才是看待区域货币一体化以及这个一体化的区域货币的国际货币地位和作用的唯一正确的角度。

同样的道理，欧元作为国际货币中的重要一极，主要还是体现在储备货币上，并不改变作为交易媒介、价值尺度的国际货币的一元化内在要求。就算一个国家、地区经济实力超过了美国，货币也具有超越美元的强势，其货币也很难与美元共同成为国际本位货币。这是货币一元化要求的内在规定。进一步讲，其代替美元作为国际本位货币就更有难度了。我们人为构建一种货币，比如说特别提款权，替代美元作为国际本位货币，能够带来更大的收益。这并不意味着人们就会接受其作为交易媒介、价值尺度和计价单位。我们还要考虑调整成本。

调整有成本。教育部要改革几个汉字的写法，竟然引来一片反对，为什么？因为调整成本实在巨大。要在全世界改变交易媒介、价值尺度和计价单位，调整成本会是怎样的呢？告诉你黄金多少美元一盎司，你会清楚黄金价格的水平与变化；要是告诉你黄金多少伊拉克第纳尔一盎司，你就没有了参照，就不知道黄金价格的真实水平与变化了。告诉你石油多少美元一桶，你清楚石油价格的水平与变化；要是告诉你石油多少越南盾一桶，你就没有了参照，就不知道石油价格的真实水平与变化了。这就是交易媒介、价值尺度一元化的内在要求。

任何将交易媒介、价值尺度引向多元化方向的努力都是违反效率、不可持续的。

即使中国经济实力比美国强，人民币比美元强，人民币也未必能代替美元成为国际本位货币。我们还要考虑货币背后的制度支撑。毕竟表面上本位是货币，实际上是背后的制度。

何况，我们还没有考虑用别的货币代替美元作为国际本位货币的行为会遭到美国的抵制。

所以，如果人民币国际化指的是让人民币成为一种重要的国际储备货币，那是没有问题的。然而，如果让人民币成为与美元分庭抗礼的国际本位货币之一，甚至代替美元成为国际本位货币，那么就犯了方向性的错误。自由贸易区建设和区域内人民币国际结算，是在促使国际货币走向一元化，而不是走向多元化。我认为，自由贸易区建设和区域内人民币国际结算才是人民币国际化现实的、可取的方向。

2009 年 9 月

汇率问题的本质与人民币汇率的前景

汇率是价格，但它不是一般价格。一般价格是用货币标识的商品和劳务的价格，汇率则是用一种货币标识的另一种货币的价格。这决定了汇率与一般价格相比较既有共性，又有特性。

一切价格变量都有名义价格和实际价格的双重规定性。名义价格是用货币标识的价格。你到商店买东西，价签上标识的数字就是名义价格。实际价格则是包含了非货币价格在内的真实代价。你到商店买东西，支付的真实代价可不只是名义价格，还有乘车的费用，以及往返路上和购物过程中的时间价值。后者叫作非货币价格，也是你购物的代价。

供求关系决定的是实际价格而不是名义价格。美国的物价比我们便宜，但是你一般不会到美国去购物，因为去美国购物，距离太远，非货币价格实在太高了，仅飞机票的价格可能就超过要买的东西的价格。这也是人们要聚集形成城市的原因之一。城市缩短了人们之间的距离，可以大大节约交易的非货币价格。用制度经济学的说法就是节约了交易费用。

供求关系不变，真实代价就不会变。如果人为把货币价格压低，那么非货币价格就会上升；反之，如果人为把货币价格拉高，那么非货币价格就会下降。最终，实际价格会恢复其本来面目，实际代价没有变化。如果人为把火车票价压低，那么排队购买会发生，拥挤会出现，服务质量会下降——这些也是乘火车的代价。供求关系不变，货币价格和非货币价格加总在一起的乘火车的真实代价最终不会改变。如果人为把货币工资提高，那么排队找工作的事情就会发生，托人情找关系的事情会发生，工作环境也会随之变差，真实的工作收入要从货币工资中扣掉这些代价。供求关系不变，从货币工资扣掉这些非货币代价之后的实际工资最终同样不会改变。

既然汇率也是价格，名义汇率被高估或低估后，实际汇率就会调整，回归其本来面目。不过汇率是货币之价，实际汇率不一定通过非货币价格变化来得到调整。如果名义汇率被低估，国内工资和物价就会上升，最终实际汇率会得到调整；反过来，如果名义汇率被高估，国内工资和物价就会下降，最终实际汇率也会得到调整。只有工资和物价被管制，才会出现非货币价格的调整。20世纪80年代末90年代初，由于工资和物价被管制，不能得到灵活调整，中国外汇市场上出现的排队、托关系购买的现象，就是名义汇率被高估后的非货币价格调整。

在逻辑上，实际汇率短期可能被高估或者低估，但不可能长期如此。经济的一个变量被固定下来，其他变量一定会围绕它自动调整。其结果，实际变量就会趋于恢复其本来面目。当年在面试博士生的时候，我曾问："随机地决定人民币与美元之间的汇率，经济会不会实现均衡？"这个问题的答案是：即便随机选定人民币与美元之间的名义汇率，把它固定下来，只要工资和物价能够灵活调整，那么通过工资和物价的传导，实际汇率会回归其本来面目，经济仍然可以达到均衡。

当今世界，工资虽然不能完全灵活调整，但是人们也不会随机选择汇率水平然后把它固定下来，让经济围绕它去调整。更为重要的是，工资弹性虽然有所丧失，但是物价是自由调整的，而产品和要素的跨国流动则在加强，因此经济不可能一点也不具有自我调整的功能。这就是说，就算人们选择并固定下来的名义汇率偏离了均衡，问题也不会太大。

所以绝不是像教科书和一些经济学家所说的那样，因为国家之间在生产率诸多方面发生了相对变化，所以汇率需要调整。汇率当然要调整，实际汇率总是要趋于它本来的面目。

可以选择调整名义汇率来直接调整实际汇率，还可以选择调整工资和物价来间接调整实际汇率。在文献和教科书上，前者被称为浮动汇率，后者被称为固定汇率。这给人一个印象：似乎固定汇率制度下汇率真的固定了，而浮动汇率制度下汇率才是可以变动调节的。殊不知，无论是固定汇率制度，还是浮动汇率制度，实际汇率其实都会调整，只是调整的方式不一样罢了。所谓固定汇率，并不是汇率真的被固定了。固定的只是名义汇率，实际汇率会通过工资和物价变动间接得到调整。所谓浮动汇率，无非是通过调整名义汇率直接调整实际汇率。汇率制度的本质，并不在于汇率是固定还是浮动，而在于是通过何种方式来调整成本会更低的问题。

在一些情况下，选择调整名义汇率来调整实际汇率（浮动汇率制度）调整成本更低；在另一些情况下，选择调整工资和物价来调整实际汇率（固定汇率制度）调整成本更低。例如，通过工资和物价变动间接调整实际汇率，需要工资和物价有充分的弹性，如果工资和物价缺乏弹性，那么这样的间接调整也就无法有效实现，就需要调整名义汇率来调整实际汇率。

中国的劳工合同与西方有很大的差别。中国工资发放不是计件，就是低底薪加分红；此外工人要走就走，雇主解雇工人也很容易；既没有工会介入监管，也没有过高的最低工资限制。换句话说，中国的劳动市场弹性相对较高。劳动市场弹性高，工资灵活，实际汇率就会自发调整。

就算劳动市场缺乏弹性，也只是工资向下调整缺乏弹性，向上是没有问题的。由于人民币面临升值压力的时候，汇率间接调整的方向是工资和物价上升，因此就算劳动市场缺乏弹性，汇率间接调整的机制仍然是畅通的。那么，人民币实际汇率长期被低估之说从何谈起呢？

1994 年中国采取盯住美元的汇率政策，稳定在 1 美元兑换 8.2 元人民币的水平。2005 年人民币与美元脱钩，改为以一篮子货币为参考的有管理的浮动汇率制度。虽然没有披露篮子中的货币种类及其权重，但是中国的汇率管理数据显示货币篮子中美元占绝大多数，国际货币基金组织也数次将中国的汇率制度定性为软盯住。在固定的名义汇率下，中国的工资和通胀相比美国一直在向上调整，人民币兑美元的实际汇率一直处于不断升值的状态。

重要的是实际汇率而不是名义汇率。只要工资和物价能够灵活调整，就算随机确定名义汇率，实际汇率也会达到均衡。因此，名义汇率无所谓均衡不均衡，也就无所谓被高估还是低估。至少，只要工资和物价能够灵活调整，那么名义汇率就无所谓被高估还是低估。只有工资和物价不能灵活调整，实际汇率必须通过名义汇率来调整的时候，才有名义汇率被高估或低估一说。这是一个极其重要的属性。可惜，我们很多做汇率分析的人，忽视了这一属性。

不理解名义汇率可以随机决定、实际汇率总会趋于均衡的属性，就无法理解为什么人们在 2013 年还在谈论人民币汇率被严重低估，但是转眼到了 2014 年，又说人民币汇率被高估了。显然，2013 年人民币汇率存在被严重低估的说法，无论从理论还是从实践上看，都是错误的。

名义汇率可以被随机决定的属性，意味着名义汇率变动常常来自经济趋势突变、政治压力、随机冲击或者预期的自我实现。所以在 2011 年人民币兑美元七连跌停的时候，我敢说人民币将来还会升值。我知道名义汇率可以被随机决定，而人民币升值的政治压力仍然存在。

名义汇率可以被随机决定的属性，也有助于理解为什么人民币选择缓升，而不是一步到位的急升。因为名义汇率无所谓均衡不均衡，你一步到位升值了，美国施压要求继续升怎么办？毕竟美国可以不买我们的东西，有越南、印度做替代选择，可是我们不能放弃美国市场，因为别的市场也已经饱和了。谈判地位的不对称决定了人民币不能不升，只能选择慢升。

虽然从逻辑上说，可以固定名义汇率，让工资和物价来做间接调整，但调整成本巨大。当经济面临重大冲击，实际汇率严重偏离均衡的时候，可能不得不调整名义汇率。

而且实际上，汇率向上调整和向下调整是不对称的。汇率升值可以守住名义汇率，让工资和物价上升间接作调整，这也相对容易。只要不出现严重的通货膨胀（价格上涨），那么增发货币就是了。这在信用货币时代，一点都不是问题。然而汇率向下调整的时候，要守住名义汇率，让工资和物价做变动来间接调整实际汇率就困难多了。其一，这需要资本管制或者用大量的外汇去购买本币。但管得住吗？有那么多外汇储备去购买本币吗？就算有，由于本币贬值一般发生在经济下行通道中，这时候卖出外币收购本币等于是在紧缩货币，会不利于刺激经济。而如果同时扩张货币，守住汇率的压力又增大了，会出现彼此打架的局面。其二，关键是这个时候要求的是工资和物价向下作调整，但是工资向下调整在很多国家是做不到的。

因此当经济要求汇率向下调整的时候，最好的办法是一步到位贬够。这当然有阻力：一是利益集团资金还没有转移出去，会反对一步到位的贬值；二是国际上可能认为这是在搞汇率战。

但无论是升值还是贬值，当名义汇率平价调整后，要坚守住新的汇率，维护汇率稳定。

好多人认为，汇率既然是价格，那么就应该由供求关系来决定，由市场来决定。可是在我看来，尺子要固定，然后才知道长度的标准。货币是价值尺度，首先要货币稳定，然后我们才知道价格是什么，价格机制才能正常发挥作用。货币稳定（包含汇率稳定）是价格机制发挥作用的前提条件，不能反过来用价格机制来决定货币之值，即汇率的大小。

在学术上，我属于极少数派。我反对浮动汇率制度，主张固定汇率制度。

自 20 世纪 70 年代告别布雷顿森林体系、进入信用货币时代以来，由于不再有货币纪律的约束，货币超发就无法得到控制。当今世界流动性泛滥，虚拟经济游离于实体经济外自我循环、自我膨胀，充满投机性，就是不守货币纪律的恶果。而固定汇率恰恰可以提供一种货币纪律。

书上说，选择固定汇率制度，那么货币政策就不能独立，通胀、通缩就会在国家间传导，价格就不能稳定。选择固定汇率制度，货币政策就不能独立是对的。但是，如果都遵守货币纪律，不滥发货币，没有通胀通缩，又怎么会有通胀、通缩的国家间传导呢？事实胜于雄辩。我们应该调查调查，看看到底是 20 世纪 70 年代以前通货膨胀严重，还是之后严重。

坚持汇率稳定，除了要有必要的外汇储备，还要求适度的资本管制。

有人说，管制资本项目是破坏经济自由。但是在我看来，不考虑与其他制度之间的匹配性，简单地认为开放资本项目就是维护经济自由，反之就是破坏经济自由的观点才不正确。

如果货币制度健康，不存在滥发货币的现象，那么管制资本项目的确是破坏经济自由；但如果货币制度不健康，滥发货币严重，那么管制资本项目就不是破坏经济自由，而恰恰是维护经济自由。不是说资本项目管制好，而是在货币制度出了问题、滥发现象严重的条件下，资本项目自由兑换未必就好。至少，对短期资金的跨国流动做出一些限制是十分必要的。

所以，要不要开放资本项目，取决于有没有一个健康的货币制度。美国、欧洲资本账户开放没有问题，而俄罗斯、泰国这样的国家开放了就会发生危机。为什么？因为前者货币制度相对健康，后者则相对脆弱。发展中国家不是因为经济发展水平相对低下，而是因为制度相对不健全而成为发展中国家的。别的不论，发展中国家央行的独立性能够和发达国家相比吗？

回过头再谈一下人民币汇率会不会继续贬值的问题。短期内不会，因为一次性贬了 4.6%，资本项目是管制的，又有 3.6 万亿美元的外汇储备，可以守一阵子。但是长期守不住，因为产能过剩、经济杠杆仍然高，地方政府和国有企业的债务是个无底洞，经济还在下滑，而前景也不乐观，人民币存量还远超美元。当然可以加强管制，比如限制第三方支付。这个做法跟放松管制的改革宣誓相违背，反映的正是人民币贬值和资金外流的压力。但管制只是把洪流变成涓涓细流。当房市、股市都不再具有吸金的能力时，3.6 万亿美元外汇储备最终是敌不过几亿人的蚕食的。

当外汇储备过快流失或者流失过多的时候，名义汇率继续贬值就几乎是不可避免的了。

2015 年 9 月

第三篇

经济学的方法

怎样用一句话告诉大家经济学是什么？我想来想去，觉得经济学其实是看世界的一个视角，是观察世界的一种方法。经济学的确给我们提供了不一样的看事物的角度，而这个角度又总是让我们看到常人看不到的东西。

2017年诺奖对经济学充满了误解

2017年诺贝尔经济学奖被授予了行为经济学领域的理查德·塞勒教授。行为经济学认为，人们对物品的主观评价不仅取决于物品本身的质量和价格，还取决于依场合和情景而定的心理状态。这导致主流经济学的模型与实际不相符合。现实中的个人往往依靠直觉或者根据从众心理等办法来解决问题，并且经常犯错误，理性经济人假设并不符合现实。因此，经济学家需要拓展模型以囊括主观评价的心理驱动因素，经济学必须接纳行为研究和神经科学。

瑞典皇家科学院称塞勒是"将经济学与心理学相结合"的先驱，其研究令经济学变得更加人性化，并且用"有限理性""社会偏好""缺乏自我控制"三个有关人性的术语概括塞勒的学术贡献，称他的研究展示了这三种因素如何系统地影响个人经济决策以至市场结果。

上述评价偏学术。通俗地说，就是塞勒主要证明了主流经济学的基础假设脱离现实，真实的人类与理性经济人存在差异，并用新的接近现实的假设解释了各种经济现象和市场结果。

既然如此，我的评论就先从行为经济学耳熟能详的一个否定理性假设的"实验"说起。

一、那个否定理性假设的行为经济学"经典实验"不成立

行为经济学有个推翻了理性假设的著名"实验"：拿 100 元钱在张三和李四两人之间进行分配。游戏规则是这样的：如果两人都接受分配结果，那么他们各自得到所分配的份额；但是假如有一个人不接受分配结果的话，那么两个人什么都得不到。

实验及其结果如下：50 元给张三，50 元给李四，张三和李四都接受分配结果，他们各自得到 50 元；51 元给张三，49 元给李四，张三和李四都接受分配结果，张三得到 51 元，李四得到 49 元……99 元给张三，1 元给李四，李四不接受分配结果，张三和李四全都不能得到任何收入。这样问题就来了：对李四来说，得到 1 元难道不比啥也得不到好吗？尽管他分得的份额比张三少，甚至少很多，但有总比没有强，看来，理性人假设未必总是成立的。

他们解决问题的办法是引入公平。就是说，经济学不仅要考虑效率，还要考虑公平。

毫无疑问，并非公平不重要，也不是公平对于效率没有影响。问题在于：公平更多是价值判断，一百个人有九十九个答案。那么

什么才是公平呢？是起点公平算公平，还是结果公平算公平？拿这个"实验"来说，公平与不公平的边界到底在哪里？是张三和李四各50元公平，还是张三51元、李四49元公平？恐怕谁也回答不了。

我的思考是：这个要引入公平才能解决的问题，能不能在效率的框架内得到解释呢？

且让我把实验改一改：张三拿到钱就去火星生活，李四则还留在地球上，反过来也可以。没有其他意思，无非是让张三和李四两个人分了钱后就天各一方，彼此不产生后续影响。现在给张三99元，给李四1元，李四会接受吗？我敢跟你打赌，李四一定会接受的。

问题不在于李四只得到了1元钱，比张三少很多，不公平。真正的问题在于，这个分配结果会影响张三和李四未来的竞争力，会影响他们未来的分配结果。李四比张三少很多，很大可能决定了在未来李四比张三也会少很多。

初始分配会影响未来结果，起点的差异当然会导致结果的不同。所以不能不考虑初始分配的动态效应，就说人们不接受有比无强的结果就不理性，就说经济学的理性假设不成立。实际情况正相反，李四不接受张三99元、自己1元的分配结果，恰恰是理性。

分配规则（游戏规则）是内生决定的，不是外生给定的，更不能由经济学家凭想象给出。在张三和李四分得了钱后会产生进一步的动态影响的世界上，张三怎么可能不预料到分配结果对于李四的动态影响以及李四的反应呢？所以放心好了，张三99元、李四1

元的分配方案，不仅李四不会同意，而且张三也不会同意。张三和李四都不同意的方案，在真实世界是不可能存在的。张三 99 元、李四 1 元的分配方案，不过是经济学家在书斋里想当然的产物。但我们怎么可以用一个想当然的非理性"实验"去否定真实世界的理性呢？

我有一位陈姓企业家朋友，他清醒地知道福利主义的坏处，但是他又主张还是要有适当的福利。他认为，适当的福利是富人向穷人赎买和平。你看，现实中人们哪有不考虑对方的感受和想法的？人们都是在权衡各方利益，然后再决定自己的行动。行为经济学的朋友们，请按照你们的理论回答：作为富人的陈姓企业家先生居然主张向自己征税给穷人搞福利，到底是理性，还是不理性？

经过我的改进，这个"实验"也反映出，其实公平的本质还是利益计算。公平并不是一个不同于利益的独立变量，没有必要在利益计算之外引入公平来做经济分析。

再说了，在这个"实验"中，是第三者拿出自己的钱给大家分，哪有什么公平的问题！只有钱本来是张三和李四共同的，然后在张三和李四之间分配，这时候才存在公平问题。

现在的经济学很糟糕，遇到解释不了的现象，就去引入新的因素。这哪里是科学啊！

社会科学不可能像自然科学那样做可控实验，很难甚至根本就不可能彻底控制"其他因素不变"。严格来说，社会科学的实验都是不可重复的，因此并不是真正意义上的实验。

　　还是以这个"实验"为例。你把这个"实验"拿在班里做和放在火车站去做，答案肯定会不同。在班里，李四会拒绝张三99元、自己1元的分配方案，但在火车站，李四就有可能接受。也就是说，有没有控制住初始分配对于未来的动态影响，结果是有天壤之别的。

　　再比如，你找的是没有收入的学生，还是有收入的成年人，同样做这个实验，结果也会不一样。即使都是有收入的成年人，富人和穷人还会不一样。原因在于，你把1元钱看作是固定价值的1元钱，就不能理解李四放弃1元钱的行为。可是经济学假设了边际效用递减，就是说，同样1元钱在没有收入的学生和有收入的成年人那里，在穷人和富人那里，价值其实是不一样的。在有收入的成年人那里，特别是有钱人那里，1元钱的价值约等于0，不要它，当然也就不是非理性行为了。事实上，现在很多人见到地上的1毛钱懒得去捡。这可跟什么公平、尊严没有任何关系。

　　假如"实验"对象是比尔·盖茨，他不要这1元钱，是非理性吗？假如换了我，给张三99元，给我1元，我会拒绝；但如果给张三99万元，给我1万元，那么我一定会接受的。

　　总之，社会科学的"实验"充满了陷阱，使用"实验"结果否定经济学基本假设时必须谨慎。

二、理性和完全理性、有限理性不是一回事

批评主流经济学的理性人假设没有错，因为主流经济学错误地把理性当成了完全理性。但是用有限理性甚至非理性代替理性同样也是错的，因为它们表明还是没有理解理性假设的本质。

关于理性的讨论要追溯到亚当·斯密的经济人思想。理性经济人假设在新古典经济学那里得到进一步强化。新古典经济学认为，经济人具有完备的、单一的或内在一致的偏好，拥有完备的信息和无懈可击的计算能力，在经过深思熟虑之后，会选择能更好地满足自己偏好的行为。

对古典、新古典的理性经济人假设持异议的传统可追溯到凡勃伦甚至更早，并且在西蒙那里发展到高峰。西蒙提出有限理性的概念以批判古典、新古典的理性经济人假设。

可是理性与完全理性、有限理性是不同的概念，它们根本就不是一个层面的东西。

完全理性是指人们拥有单一的效用函数，能够正确地、无成本地认识客观环境或约束条件，并把有关参数综合到这个单一的效用函数中，求得最优解。有限理性则是指人们未必拥有单一的效用函数，也不能完全地、无成本地认识客观环境或约束条件，并把有关参数综合到这个单一的效用函数中，求得最优解。与完全理性和有限理性相关联的，是环境的复杂性和不确定性，以及人的认知能力

的局限性。理性则不同，理性是追求约束条件下的利益最大化。

首先，什么是利益？利益是一个主观的东西。有人求财，有人求名；有人爱江山，有人爱美人。这些都是逐利。不能说你爱江山就是逐利，我爱美人就不是。这就是主观价值论。主观价值论极其重要。不坚持主观价值论，经济学就无法做到完备、兼容，就不能自圆其说。

其次，逐利是在约束下进行的。就是说，人们追逐的不是漫无边际的利益最大化，而是约束下的利益最大化。这就是我讲过的，焦大不会爱上林妹妹，是条件达不到，够不着啊！即便坚持主观价值论，如果离开约束谈最大化，经济学同样无法做到完备、兼容，同样不能自圆其说。

再次，有两种约束，一种是客观存在的约束，另一种是主观认识到的约束。理性的实质不在于人们能否正确认识客观存在的约束条件，并依据这个约束条件追求目标函数的最大化，而在于人们是否根据自身所认识到的约束条件，寻求该约束条件下的利益最大化。

也就是说，理性不在于你追求的目标是什么，而在于你是否追求约束条件下该目标的最大化，而且这个约束条件不是客观存在的约束，而是主观认识到的约束条件。举个例子，昨天我买了股票，今天股票大跌，或者下午我浇了草坪，晚上就下了一场大雨，能说我是非理性的吗？不能！因为以我昨天所掌握的信息来看，股票就是要涨，或者我不知道晚上要下雨。只有明明知道股票要跌，偏偏要买股票，或者明明知道晚上要下雨，偏偏要去浇草坪，我才是非理性的。

理性假设的实质只是说，人是有目的的，他想最有效地实现自己的目标。

说得简洁一点，"约束下的有目的的行动"就是理性，也可以说是"约束下的趋利避害的行动"就是理性。约束是主观对于客观的反映，因此也可以这样通俗地解读理性：认为这样做对自己好，就做了，这就是理性。只有明明认为这样做对自己不好，偏偏要做，才是不理性。

这样的理性假设怎么能否定呢？如果这都否定了，那么真不知经济研究该怎样进行了！

种种看似不合理的行为，深究下去，其实恰恰是理性行为。

犯罪是不是理性行为？研究发现，如果犯罪人员被抓的概率高，那么犯罪率就低；反之，如果犯罪人员被抓的概率低，那么犯罪率就高；但如果惩罚过严，那么犯罪也会增加，因为杀一个人是死，杀两个人也是死。人们已经犯了罪、杀了人，就不在乎再犯罪、再杀人了。可见犯罪也是理性行为。

理性与犯错误、做蠢事不矛盾。犯错误、做蠢事与完全理性才矛盾。种种错误，其实是信息不充分、知识不足所导致的。学生考试答错了题，不是他不理性，而是因为他不知道哪个是正确答案；企业家经营失败了，不是他不理性，而是因为他对于市场的判断出现了偏差。

理性和犯错误没有矛盾。不能因为信息不充分、知识不完备而犯错误就说人是不理性的。

千万别以为都有"理性"二字，就认为理性、完全理性、有限理性是同类事物，理性跟完全理性、有限理性不是一回事。主流经济学把理性看成完全理性是错误的，行为经济学拿有限理性去否定理性假设同样是错误的。跟有限理性相对应的不是理性，而是完全理性。可以用有限理性否定完全理性，但是不可以用它去否定理性。

总之，检验一个人是否理性，不是看他追求什么，而是看他是否在给定的约束下最有效地追求他所追求的，而且这个约束不是客观存在的约束，是主观认识到的约束。理性与做错事不矛盾。如果他的认识错了，根据自己的错误认识做事，当然是错事。

三、没有理性人假设，就没有成本概念

阿尔钦讲，一群傻子去开加油站，有的人开在山顶，有的人开在河边，最终只有开在公路边的活下来了，因此人是不是理性的不重要，重要的是最终的结果会和假设人是理性的一致。

阿尔钦的这个分析，其实暗含着一个重要的前提条件，就是除了这群傻子，其他人都是理性的。否则，如果所有人都是傻子，你还能不能得出把加油站开在公路边就能活下来的结论？不能了！因

为傻子不是把车开到悬崖下摔死了，就是开到河里淹死了，公路上都没有车跑，或者只有很少的车在那里胡乱跑，凭什么开在公路边的加油站就能活下来呢？

如果人都不是理性的，那么这个社会会怎样？会是一个无序的社会！会是一个没有任何规律可循的社会！如果植物的叶子不一定是"追求"最大限度地晒到光，那么会是什么样的情况？有的会向天上长，有的会横着长，有的会向下长，世界还会是我们今天看到的样子吗？

理性是指追求约束条件下的利益最大化，也仅仅指追求约束条件下的利益最大化。

理性的本质是什么？是最大化。当然也可以对应地讲是某个别的东西的最小化。比如收益最大化对应的是成本最小化。那么我就要问了：离开了最大化或者最小化，还能构建经济学体系吗？别的不说，否定最大化或者最小化，还有成本概念吗？成本是放弃的最高代价。为什么不是放弃的最低代价，也不是放弃的中不溜的代价？这本身就有最大化的含义嘛！

如果我们承认世间万物都充满了竞争，都是竞争的结果，那么必然是最大化或者最小化某个东西的结果。对于理性概念来说，最大化什么不重要，最大化本身才是根本。那么怎么可以否定理性假设呢？经济学是科学。科学不问什么是利。利是主观的东西，是没有客观标准的东西。经济学只问如何从给定的约束最有效地达到你的目的。这本身就是最大化问题啊!

理性是指追求约束条件下的利益最大化。这意味着无论是西蒙的满意决策,还是奈特的感情决策,还是阿尔钦的模仿决策,当然也包括塞勒教授的凭直觉决策或者从众决策,都与理性不矛盾。很可能这些恰恰是理性行为。如果调查约束条件的费用太高,满意决策、感情决策、模仿决策、凭直觉决策、从众决策,当然就是最优选择了啊! 当精确计算的成本太高的时候,就应该放弃精确计算。这本身就是利益最大化的应有含义。

所以,有时候抓阄、瞎猜也是理性行为,也是利益最大化计算的结果。

恐怕人人都有考试时不会做选择题的时候。一般来说,大家都会选择瞎猜。能不能说瞎猜是不理性呢? 不能! 因为时间紧,又不会。只有会,时间又够,还瞎猜,才是不理性。

有人说,不要管人是不是理性的,经济学是研究存活条件、存活规律的科学。不管你研究什么,要建立完备、兼容的理论体系,必须是公理体系,必须有自己的公理假设。

没有自己的公理假设,岂不要陷入循环逻辑的泥塘? 那还谈什么科学呢?

要说明甲概念,就要借助乙概念,要说明乙概念,就要借助丙概念,一路下去,总有一个概念是不能用别的概念来说明的。相反,它是用来说明别的概念的逻辑基础,否则就是循环逻辑。这个概念就是不定义概念。同样的道理，要证明甲命题，我们需要借助乙命题，要证明乙命题，又需借助丙命题，一路下去，总有一个命题是不能用别的命题来证明的，相反，它是用来证明别的命题的逻辑基础，否则也是循环逻辑。这样的命题就是公理。

一切科学理论，归根结底都是建立在不定义概念和公理假设基础上的公理体系。

欧氏几何是公理体系，概率论是公理体系，牛顿力学是公理体系，相对论是公理体系……世界上就没有不是公理体系的科学理论。科学与非科学的根本区别正在于是不是公理体系，能不能成为公理体系。阿罗、德布鲁将经济学建立成严格的公理体系——就是我们熟知的阿罗－德布鲁体系，并且因此获得诺贝尔经济学奖。

作为研究人的行为的经济学，不用理性假设，那么你的公理假设是什么？你当然可以用别的做公理假设，但是你不可以没有公理假设还能构建科学理论。

其实既然是公理假设，就不需要证明，严格来讲也是证明不了的。人们真正应该关心的是，在这个公理假设基础上建立起来的理论，有没有解释力。因此我们不能不问：你用别的公理假设建立的经济学理论，能够比建立在理性假设基础上的经济学具有更强的解释力吗？你不用理性假设，那么你就不要用"放弃的最高代价"的成本概念了。

事实上，如果否定理性假设，那么需求定律也不一定成立了。

那些否定理性假设的学者们，你们是否在使用需求定律、供求模型呢？是否在使用"放弃的最高代价"的成本概念呢？

四、利他要处理成利己的产物

塞勒认为利己原则也不是完全有效的，人们可能无私地牺牲掉自己的利益来进行慈善捐赠。因此人既不完全自利，也不完全自私，只是个非完全理性的个体。

可以假设人是利己的，也可以假设人是利他的，但是不能假设人既可能利己，也可能不利己。假设人是利己的，那么可以推断，地上有 50 元钱，四周又没有人，看到钱的人会把它捡走。如果没有人捡，那么利己经济学就被证伪了。假设人是利他的，那么可以推断，钱不会被捡走。但如果钱被捡走了，那么利他经济学就被证伪了。但是，如果你假设人既可能利己，也可能不利己，那么就没有办法证伪了，因为你总是"对"的：钱被捡走了，你说人是利己的；钱没有被捡走，你又说人是利他的。所以经济学的假设只能在利己和利他之中选择其一。

那么经济学应该选择利己假设，还是利他假设？要看谁的解释力强。在利己假设下，可以解释利他的行为；但在利他假设下，无法解释利己的行为。因此，经济学选择利己假设。

利己假设和利己行为不是一回事。利己的人可以做出利他的行为，也可做出损他的行为。

表面上，利己行为与利他行为是对立的两种行为，然而在根本上利他行为源于利己。亚当·斯密在《国富论》中讲："个人的功利计算在道德规范的形成过程中扮演了重要的角色。"讲的就是这个道理。

你在火车站、旅游景点买东西，挨宰的可能性就大一些；但在小区的商店买东西，挨宰的可能性就小得多。这并不是火车站和旅游景点的商人天生就坑蒙拐骗、不讲信誉，小区的商人天生就讲信誉、不宰人。不信你把他们互换一下位置，他们的行为马上就会颠倒过来。

小区的商人之所以不宰人，是因为他知道他的顾客是附近的居民，他期望他们成为回头客，以后还能赚他们的钱。而火车站、旅游景点的商人的顾客买了东西就天各一方。给定能宰，为何不宰？所以讲信誉、不宰人，利益使然；不讲信誉、宰人，同样是利益使然。

同样的道理，义气、守时、不讲假话等社会美德，也都是人们功利计算的结果。

你把义气、守时、不讲假话看作是利益计算的结果，就可以解释有时候人们可能不讲义气、不守时、讲假话。反之，如果你都将其归结为人品、人性，那么就无法解释人的多变性。

一个人做慈善，并不意味着他就违反了自利假设，只是说他追求的不是财物这样的利，而是名声这样的利。不管是财物，还是名声，归根结底都是利。

不要问慈善是不是自利的，因为按照定义，所有行为都是自利的。正如弗里德曼所说，追问企业是不是实现了成本最小化，这是问了一个愚蠢的问题，因为我们假定企业追求利润最大化，本身就意味着成本必然最小化。问人的行为是不是自利的，同样是一个愚蠢的问题。

正确的问题是：一种是署名捐钱，另一种是匿名捐钱，在哪一种方式下他捐的钱多啊？假如不允许以邵逸夫的名字命名大楼，他会捐得更多还是更少呢？

如果匿名时捐得少，那么就不能说慈善是无私的。只能说这个时候他追求的不是财物这样的利，而是名声这样的利。只有匿名时捐得更多，才会推翻自利假设。有这样的例子吗？

亚当·斯密已经明确指出了这一点：商人关注企业的社会责任，或者关心慈善事业，不是为了利他，而是为了在既定的社会环境之中最大化他们的利润。

人的自利既有造福社会的一面，也有危害社会的一面；既能导致利他的行为，也能导致损他的行为。你可以不损他，但不能不利己，因为没有利己，也就不会有利他。

经济学应该关注的是：在怎样的约束条件下自利的个人会有损他的行为，在怎样的约束条件下又会有利他的行为；在怎样的约束条件下，人的自利造福社会的一面大于危害社会的一面，在怎样的约束条件下造福社会的一面又小于危害社会的一面。这才是问题的根本。

亚当·斯密强调在"看不见的手"的作用下，人的自利具有促进生产、增加社会福利的一面，但是他没有考察"看不见的手"发挥作用的前提条件。最重要的前提条件，就是产权受到法治的严格保护。

在产权受到法治严格保护的前提下，一个人爱财，就只能通过努力发明创造、降低成本来实现。你不能偷、不能抢、不能骗，因为那样就侵犯了他人的产权，会受到法律的制裁。利己不等于损人利己。损人利己不是利己的错，而是制度的错。

要把利己的人性与具体的损人利己行为区别开来。不是利己不好，而是损人利己不好。没有利己，虽然没有了损人利己，但也没有了利他行为。要想避免损人利己发生，正确的做法不是否定利己，而是靠契约和制度来避免损人利己发生。有小偷不可怕，可怕的是人们没有防止小偷的积极性。人人利己反而不能损人利己。人人利己，你却损人利己，谁还跟你玩？

实际上，如果没有自利，也就不知何为利他。一个不爱自己的人，不爱家人的人，会爱他人吗？利他的基础是利己。没有对私利的追求，我们不知利他为何物！如果人人都利他，那么利他就绝不可能成为美德，只会成为缺德。我们都利他，你要利己才是顺我们的意愿啊！

水果为什么长着厚厚的果肉？是因为它们的本性是利他的吗？不是啊，朋友们！利他才是最有效的利己手段啊！利他跟利己不矛盾。水果都明白的道理，难道我们人类还不明白？

五、换零钱现象证明"禀赋效应"并不存在

"禀赋效应"被学术界称为塞勒的三大开创性贡献之一。

"禀赋效应"概念首次出现在塞勒 1980 年的论文《论消费者选择的实证理论》中，其具体含义是：个人一旦拥有某个物品，其对该物品价值的评价就比没有拥有它之前大大增加。

为了证实"禀赋效应"的存在，塞勒和卡内曼共同合作了一个著名的实验：他们发给被试者一个茶杯，再用价值相同的巧克力去交换茶杯，结果被试者不愿意放弃茶杯；然后，他们发给被试者巧克力，又用价值相同的茶杯去交换巧克力，结果被试者不愿意放弃巧克力。

这个实验里的被试者都是随机抽取的，这就排除了系统性的偏好偏差。

被试者前后两次的钟爱对象为什么有所不同呢？塞勒认为，原因在于"禀赋效应"的存在——一旦人们拥有了某物，那么再放弃它就很难了。所谓"敝帚自珍"，就是这个道理。

主流经济学出于数学化的需要，把价值相等的物品处理成具有

完全的替代性。在主流经济学那里，位于无差异曲线上的任意两点，都具有完全的替代性。因此在主流经济学那里，的确无法理解"持有了茶杯就不愿放弃茶杯，持有了巧克力又不愿放弃巧克力"的现象。

但是，这并不意味着存在什么"禀赋效应"。现实世界的交换，根本不是无差异曲线所假定的那样，而是评价不相等的结果。双方都要认为交换所获得的价值，超过他所放弃的价值，才可能有交易。如果从交换中得不到任何好处，干吗要交换呢？

买卖双方都从交换中获益，这是一个古老的经济真理。如果要你放弃一项权利，你要求的报酬会高一些；如果要你花钱购买这项权利，你肯花的金额要少一些。人们对已经给予他们的茶杯索取较高的价格，而对他们尚未拥有的茶杯开出较低的价格，本来就该如此。

造成现实世界与主流模型不一致的根源在于现实世界有交易费用。在主流模型里，价值相等的物品可以无成本地互换。可是在现实世界，哪怕是举手之劳，毕竟还是有"劳"的。

现实中，价值相等是不会有交换的。在零交易费用的世界，虽然交易没有收益，但是也没有成本，因此可以假定价值相等的物品之间存在交换。但在正交易费用的世界则绝无可能。

因此正确地证明存在"禀赋效应"的实验应该这样：明确告诉被试者，茶杯和巧克力价值相等，不仅价值相等，变现能力也完全一样，被试者可以方便地、无成本地交换任何一种东西。在这种情况下，如果他还是不愿意放弃他已经持有的，这才证明了"禀赋效应"的存在。

但在真实世界，这是不可能的。交换后没有任何好处，可是交换有成本——虽然只是微不足道的成本，当然选择不交换了。这不是什么"禀赋效应"，而是因为交换有成本的缘故。

所以，所谓的"禀赋效应"，不但没有否定理性，恰恰是理性的证明。

还有一种情况也要考虑进来，就是一种东西一旦持有了，可能就被赋予了某种记忆、特殊感情。在持有者和外人的眼里，这个东西其实不是同一种东西。我自己人生的第一台笔记本电脑，早已经不能用了，可以说价值为零，但是我一直没有扔掉。你给我100元，甚至500元，可能我都不跟你交换。这是因为这个笔记本承载着我的一段记忆，它已经不是普通的笔记本电脑了。

现实中，最接近这个实验的是换零钱。钞票价值相等，信息费用为零；换零钱基本上也不耽误做事，因此交换成本为零。如果"禀赋效应"真的存在的话，那么这种换零钱的现象就不会发生。可是生活中每天都在发生换零钱的现象。换零钱现象说明没有"禀赋效应"这回事。

如果真的存在"禀赋效应"的话，那么现实中离婚的现象就不应该这么普遍了。

至于从"禀赋效应"推导出人有"损失厌恶"的倾向，即同样的东西，损失对心理造成的影响远大于得到。比方说，如果你在路上捡到一百块钱，会高兴一会儿，但是如果丢了一百块钱，很可能就会懊恼半天。这其实跟"禀赋效应"也没有关系。经济学假设了人具有凸性偏好，也就是边际效用递减。既然边际效用递减，那么增加的一元钱的价值就小于减少的一元钱的价值，捡到一百块钱只会高兴一会儿、丢了一百块钱懊恼半天也就是自然的事情了。

做股票的人大都将止盈的幅度设置得高于止损的幅度。这并不是因为自己拥有的钱就值钱。这个钱，对做股票的人来说只是一个数字，并且是放在交易所账户上的一个数字。之所以这样设置，是因为边际效用递减，损失的一元钱的价值大于赚取的一元钱的价值，跟"禀赋效应"没有关系。这并不是因为人们"趋利"和"避害"权衡方式不同，而是因为同样的数目，损失比获得价值更大。

既然"禀赋效应"都不存在，那么根据"禀赋效应"否定"科斯定理"，说即使交易费用为零，由于存在"禀赋效应"，产权的初始配置也是极其关键的，是不是就更没有依据了？

六、广泛存在的放贷行为证明没有"双曲贴现"

刚刚得了今年诺贝尔经济学奖的塞勒教授，提出了一个"双曲贴现"的概念。

什么叫"双曲贴现"？比如，今天是 2017 年 10 月 21 日，假定我今天给你 100 万元，如果你愿意等一个月，到 11 月 21 日就给你 110 万元，那么你是选择现在的 100 万元，还是一个月后的 110 万元？实验证明，大部分人选择现在的 100 万元。但是，假定十年后，2027 年 10 月 21 日给你 100 万元，2027 年 11 月 21 日给你 110 万元，大部分人选 2027 年 11 月 21 日的 110 万元。也就是说，事情离我们越近，我们就越倾向于认为当下重要；离我们越远，当下就没有那么重要了，并且当下对以后的重要性，和以后对更以后的重要性，在程度上是不一样的。

我感兴趣的是：对于行为经济学的这个"双曲贴现"现象，传统经济学真的解释不了吗？

为什么被试者会选马上到手的 100 万元，而不是一个月后的 110 万元？毕竟一个月也挣不到 10 万元啊！原因在于，今天到手的 100 万元是确定收入，一个月后的 110 万元是风险收入。人们宁肯选择今天的 100 万元，也不要一个月后的 110 万元，只能说人们判断后者风险太高，人们担心一个月后你后悔不给了——这相当于风险无限大。

姑且不说风险无限大。假设每个月有 11% 的风险损失，那么一个月后的 110 万元，扣除风险损失后的确定性等价收入为 97.9 万元，那么当然要现在的 100 万元了。

现在问题是：同样前后只差一个月，为什么人们选择十年后晚一个月的 110 万元，而不是早一个月的 100 万元呢？答案是：如果十年后都没有违约，能收到 100 万元，就说明平均来说每个月的违约风险很低。例如，如果把每个月的违约风险下调为 1%，那么十年后的 100 万元的现值是 302995 元，十年零一个月后的 110 万元的现值是 329994 元，后者比前者大，当然要选择十年零一个月后的 110 万元，而不是十年后的 100 万元了。

一般来说，短期风险低，长期风险高。可是在塞勒的这个"双曲贴现实验"里，被试者对于短期风险评价高，对于长期风险评价低，于是就出现"双曲贴现"这样一个反常现象。

那么，为什么被试者会对短期风险评价高，而对长期风险评价低呢？

答案在于，现实世界没有人无缘无故白白给你 100 万元。这是一个连个基本参照都没有的事情。理性的人自然要选择现在的 100 万元。因此出现"双曲贴现"完全是实验者对实验细节的疏忽。正确地证明是否存在"双曲贴现"和非理性的实验，应该像真实世界的商业运作那样，签署受法律保护的承诺协议，并提供资产抵押，再让被试者选择。那么，被试者会怎样选择呢？

大家想想：如果"双曲贴现"真成立，大家都偏好现在，那么为什么有那么多人放贷呢？

在真实世界中，假如你选择要现在的 100 万元，而不是一个月后的 110 万元，那是不是就是不放贷啊？可是在有法律保障、有资产抵押的条件下，你对回报有稳定的预期，这笔贷款你不放？

如果能在真实世界里找到一个贷款合同，也就是在有法律保障、有资产抵押、风险稳定不变的情况下，银行或其他金融机构今天选择不放款，然而十年后又选择放款，那样才能证明有"双曲贴现"。

谁说人不理性？让你在现在的 100 万元和一个月后的 110 万元之间做选择，因为从来没有这种事，没有任何借鉴参考，无从评价风险，你当然是先拿到这 100 万元再说。选择一旦变成是十年后的 100 万元，还是十年零一个月后的 110 万元，你马上就会想：如果十年后都没有违约，那么说明风险很小，于是你又选择十年零一个月后的 110 万元。这还不理性？

我们并不否定"双曲贴现"现象，但那不过是风险预期变化的产物，并不是一个规律。

在真实世界里，现值和未来值之间根据风险和利率存在一个确定的逻辑关系。可是在这个"实验"中，现值和未来值是实验者随便给出的，而且风险也是被试者在没有任何参照的情况下主观给出的，那么，通过不同的风险和未来值设定，就可以得出不同的实验结果。通过这两个参数的不同设置，在"选现在的 100 万元，选十年零一个月后的 ×× 万元""选现在的 100 万元，选十年后的 ×× 万元""选一个月后的 ×× 万元，选十年后的 100 万元""选一个月后的 ×× 万元，选十年零一个月后的 ×× 万元""随便哪一个，随便哪一个"组合中，其中任何一种组合都可能出现。如果我们用这样的实验去得出经济学含义，是不是也太扯了？

还有，实验和真实的交易是不一样的。实验中的测试者和被试者都不是真实的交易者，并不为他们的行为付出代价。不付出成本的事情，是算不得数的，也是不可信的。

所以我反复讲，所谓的社会科学实验，充满了陷阱，不可以简单地从中得出结论。张五常也讲，社会科学的实验在真实世界里。不要去做什么实验，多解释真实世界的现象吧！

行为经济学者大而化之、稀里糊涂，然后说人是不理性的，这是极其荒谬的事情。本来经济学就是解释人的行为的学问，干吗还要搞个什么行为经济学呢？行为经济学多此一举！

七、心理账户、凸性偏好与需求定律

心理账户被学术界称为塞勒的又一创新贡献。

所谓心理账户，通俗地说就是"人人心里都有几本账"，即人们并不会去对某些问题进行统一的成本收益核算，而是会在心里构建很多个分门别类的账户，分头进行计算。

传统理论认为，你口袋里的100元钱，只要价格不变，不管什么时候都是100元。然而塞勒告诉你，其实并不是这样。比方说，你买了20万元的股票，今天股价涨了100元，你很可能没什么感觉，但如果这100元是你捡到的，就完全不同：午饭总要加个鸡腿吧？还有一个常见的例子就是，很多人平日生活很节省，但是出去旅游的时候，却变得很大方，吃比平时贵几倍的饭，买平时绝对舍不得买的高价衣服，眼睛都不眨一下。这都是因为，我们在收入和消费的时候，并不会去进行统一的成本收益核算，而会在心里构建多个分门别类的账户，分头进行计算。工资收入有工资收入的账户，炒股票赚钱有炒股票赚钱的账户，意外收入有意外收入的账户。平时生活消费也是这样：吃饭有吃饭的账户，买衣服有买衣服的账户，上学有上学的账户，看病有看病的账户，旅游有旅游的账户。它们各自独立，各自有不同的评价标准。100 块钱在这个账户消费的时候是很大一笔钱，在那个账户却是一笔小钱。

首先，从收入的角度讲，是没有什么心理账户的。

我涨工资得到的 100 元，和买彩票中奖获得的 100 元，是没有任何区别的。每一个读者朋友都是一个实验者啊！大家想想看，从不同途径获得的收入，你会差别对待吗？

可确实又是这样：从股市挣来的钱，人们一般不会急着消费，然而彩票中奖，或者涨工资挣同样的钱，人们却会增加消费。这是为什么？难道不是人们在区别对待所挣来的钱吗？

答案是：从股市挣来的 100 元和买彩票中奖得到的 100 元其实是不一样的。从股市挣的钱是风险资产。今天你挣了 100 元，明天有可能赔掉，除非你洗手不做了，这 100 元才等价于买彩票中奖得到的 100 元。付出努力挣得的 100 元，与买中彩票挣得的 100 元，真实价值也是不一样的。假设你通过努力挣了 100 元，努力的成本折合成货币是 40 元，那么你真实的收入只有 60 元。从股市上挣的钱是有成本投入的，除了利息成本，还有时间成本。股市挣得的 100 元其实只值买彩票中奖的 60 元。收入多就多消费，收入少就少消费或者不消费。因此人们消费买彩票中奖的 100 元，不消费股市挣来的 100 元，这其实是非常理性的行为。

所以，这并不是人们分账户区别对待所挣来的钱，而是这些钱本来就是不等价的。

其次，从消费的角度看，确实存在心理账户。

的确，人们会分账户管理，不会挪用吃饭的钱去买衣服，也不会挪用上学的钱去旅游。但是，这并不是传统经济学不能解释的新现象。经济学假设边际效用递减，也就是人具有凸性偏好。因为边际效用递减，人们不会把钱投入到一个项目上，而是分散到各个项目上，求得一个大致的平衡。用严格的学术语言表述就是，同样一元钱在不同项目上的边际收益相等。

但心理账户理论与传统经济学又有不同的地方。传统经济学强调的是各项目加总在一起的总效用的最大化。一方面，要把钱分散到各项目上去才能实现总效用最大化；另一方面，各账户中的资金又可以相互调整，因为要实现的是总效用最大化，不是分效用最大化。

我印象深刻的一件事情是，我小时候是吃不饱饭的，可是父亲还要卖粮食。为什么会这样呢？因为他要筹措我上学的学费，要筹措家里买煤油、食盐、肥皂等日用品的费用啊！至少，我的父亲并不是孤立分类决策，他要兼顾每个项目，兼顾的目的是总效用最大化。

很多人平日生活节省，但是出去旅游的时候，却变得很大方。这并不是这个账户的钱只在这个账户花，更不是说这就是不理性行为。这个现象用传统经济学也很好解释。

假设高档衣服价格是 2000 元，普通衣服价格是 200 元，加上一笔固定的路费，你会发现，高档衣服相对于低档衣服变得便宜了。加的固定路费越多，相对于低档衣服，高档衣服越便宜。根据需求定律，价格便宜了，你是不是要买啊？推到极致，如果加的固定费用是无穷大，那么高档衣服和低档衣服的价格就一样了。价格一样的东西，你是买高档的，还是买低档的呢？

路费（元）	高价衣服（元）	普通衣服（元）	1 件高价衣服的价格＝几件普通衣服的价格
0	2000	200	1 件高价衣服的价格＝10 件普通衣服的价格
1000	1000+2000=3000	1000+200=1200	1 件高价衣服的价格＝2.5 件普通衣服的价格
10000	10000+2000=12000	10000+200=10200	1 件高价衣服的价格＝1.2 件普通衣服的价格
…	…	…	…
∞	∞ +2000= ∞	∞ +200= ∞	1 件高价衣服的价格＝1 件普通衣服的价格

把路费换成其他固定费用，就可以解释优质商品出口国外、豪宅挂金字招牌、好马配好鞍、石碑上的文字优于纸张上的文字等许多现象。买菜的时候你会一分一厘地计较，可是买名表的时候贵100元你都不会太计较。这都是受同一规律支配的同类现象。1元一斤的菜，价格贵1毛钱，就贵了10%。但是5万元的名表，价格贵100元，几乎就没有差异。没有差异，计较什么？前者，消费者当然要斤斤计较；后者，当然又无所谓了。这些现象未必跟心理账户有什么关系，更不能说是不理性。相反，恰恰是理性。买低价股的时候，你是一分一厘地计算，买高价股的时候，高挂低挂几毛钱都不当一回事，能说这是不理性？

心理账户能解释的现象，传统经济学都能解释；同类的现象，心理账户解释不了，传统经济学能解释。那么，创造这样的新词有什么意义呢？理论难道不是信息节约的工具吗？

八、政府"助推"美，但逻辑有缺陷

塞勒教授的第三个被学术界认可的成就，是为克服人类非理性行为的"助推"。

塞勒和卡斯·桑斯坦合著的《助推：我们如何做出最佳选择》一书认为，经济中的个体往往深陷难以计数的偏见和非理性中，做出荒谬的决策。为此，两位作者建议政府应该用"助推"的手段帮助民众做出最优决策。

我们知道，人们常常遇到美好的长期规划和短期诱惑的冲突。在传统经济学看来，人是理性的，会对长期的消费和投资做出合理的安排。然而塞勒通过计划者－实施者模型分析，发现了"双曲贴现"现象，也叫"非理性折现"。其意思是：你今天对后天的关心，与明天对后天的关心是不同的；在每一个"今天"，你都会更重视现在，而不顾未来。如果存在"双曲贴现"，那么人对于未来的规划就未必是最优的。既然有这种效应存在，那么如果这时有一个外部的力量来进行干预，就可以让个人福利达到更高水平。他把这种干预称为"助推"。

以社保为例。在部分传统经济学者看来，政府办理社会保障会造成浪费，如果把社保金还给个人自己投资，可以获得更好的回报，取得更好的效果。但从行为经济学的角度看，由于"双曲贴现"的存在，个人投资行为并不能保证是最优结果，这证明了社会保障的合理性。

那么，塞勒教授的"助推"与传统的政府干预又有什么不同呢？

不同在于，"助推"只是"推动"人们作决策，同时也要保证人们选择的自由。

例如，政府颁布法令禁止人们食用垃圾食品不算助推，把低价的新鲜水果便捷地呈现在人们眼前，让人们主动地选择健康食品，这才是真正的助推。政府要做的是用行为经济学的知识，对政策进行优化设计，引导人们在教育、投资、卫生保健、抵押贷款及环境保护等领域做出让人们更健康、更富有、更快乐的决策，做出对全社会乃至全球有助益的选择。

行为经济学者经常举的是荷兰阿姆斯特丹史基浦机场男洗手间的例子。阿姆斯特丹史基浦机场的男洗手间里面，每个小便池的内侧都雕刻有一只黑色的苍蝇。男性在方便时似乎总是找不到一个可供瞄准的靶子，常常搞得四周一片狼藉，而一旦他们发现了一个目标，便会专攻那一点，从而提高了准确性，减少了飞溅。想出这个点子的埃达凯布默介绍说："这提高了男性行动的精确度。男性一看到苍蝇，便会产生瞄准的冲动。"埃达凯布默是一名经济学家，他主持了史基浦机场的扩建。结果发现，小便池上的苍蝇使飞溅量降低了80%。

行为经济学的"助推"理论听起来很美，然而存在重大逻辑缺陷。

首先，"助推"哪里只是机场洗手间这样一个例子！"助推"的事天天都在市场上发生着。

今天的企业，都不是被动地满足消费者的需求，而是以各种方式引导、助推消费者。随便举两个例子。在我所住的小区里，楼与楼之间是绿化带，有时候人们会图方便直接从绿化带的草坪走过，踩踏了草坪。于是物业就在绿化带中间铺了一条石板小路。有了这条小路，人们从小路走过，就不再踩踏草坪了。再如，各种技能培训不都是做着"助推"的事情吗？

其次，政府"助推"和私人"助推"是性质完全不同的两种行为。

经济人固然会犯错误，但经济人犯的错误由自己承担后果。这就是说，经济人有改正自己所犯错误的动机，会不断纠正自己的错误，否则他是活不下去的。然而政府不一样。政府犯的错误由全体人来承担，因此政府有掩盖错误的动机。

逻辑上，政府做事不仅效率低，比私人更容易犯错误，并且错误还不容易纠正。

"助推理论"说政府只是"推动"人们作决策，同时保持选择的自由。但实际上，没有强制的话，政府是不可能做成任何事情的。举个例子，政府提供公立教育，公民有选择读公立学校的自由，也有选择读私立学校的自由，没有强制。但这只是表象。公立学校的钱来自税收，税收就是强制。由于政府经费来自税收，因此政府从事任何活动都带有强制的性质。

再次，如果否定理性人假设，认定人是非理性的，那么就推不出"助推"的结论。

人当然不一定总能做出正确的决策。但是不能以此否定理性人假设，更不能从中推导出政府干预的结论来。试问：从事"助推"的政府难道就不是人了吗？政府也是由人组成的。因此非理性也同样适用于政府。既然他们也是人，就也是非理性的。既然也是非理性的，又凭什么有能力"助推"他人呢？所以否定了理性假设，经济学的逻辑就不可能自圆其说。

九、结束语

人会犯错误，但以此为理由，否定人是理性的，就不对了。理性和完全理性不是一回事，理性只是说人会根据自身认识到的环境参数进行趋利避害的有目的的行动。理性和犯错误不矛盾。而如果以人会犯错误为由，便给予政府干预的权力，那么不仅逻辑不通，而且也极其危险。

现实世界的现象和人的行为与主流模型常常不一致，这是因为现实世界的约束条件不同于主流模型假定。解释这些现象，不是去造新词，引入新的因素，而是去找出真实的约束条件。

在经济学起源的时候，经济学家都是从现象中总结规律。即使到了 20 世纪，马歇尔等经济学家也经常从人们日常行为的角度，对当时的经济理论进行反思。然而第二次世界大战后，经济学越来越变成一种数学游戏。经济学家们在书斋中进行数学演算，强调数学推导和理想化假设下的研究结论。如果现实与结论不符，药方就是改造现实，直到与理论推论一致。如果这样下去，恐怕经济学研究就不需要经济学家了，甚至未来都不需要人来做，计算机就可以做了。

行为经济学呼吁经济学家从理想化假设中解脱出来，因数学化而被打断的始于亚当·斯密的经济学传统本来有望得到重塑，然而遗憾的是，他们树立了错误的靶子。主流经济学错误地以完全理性做假设，建立数学模型，得出政策含义，而行为经济学又以有限理性甚至不理性做公设。殊不知经济学的基础应该是理性。理性和完全理性、有限理性不是一回事。以完全理性做假设构建理论体系毕竟还可以做到逻辑一致，只是这样的理论不具有现实意义，没有用。但如果以有限理性甚至不理性做假设，那么整个经济学就不能自圆其说了。

用经济学的视角看世界

怎样用一句话告诉大家经济学是什么？我想来想去，觉得经济学其实是一个看世界的视角、一种观察世界的方法。下面，我就通过几点和大家分享一下经济学是怎样看世界的，以及经济学让我们看到了怎样一个不同的世界，以此来共同感受经济学的魅力。

从选择的角度看行为

过去，我们讲经济学是研究资源配置的科学，但是现在我们更多地讲经济学是研究人的行为的科学。为什么呢？因为归根结底，资源是通过人的行为而配置的。研究资源配置，本质上是研究的人的行为。所以，绝不是只有搞经济和经济学的人才需要学习经济学，其实每个人都是需要学一点经济学的。可以这样说，只要涉及人的行为，经济学都是大有用武之地的。

人的行为，要从选择的角度来看。最好不要说你决定读大学，而要说你选择读大学；不要说你决定跟她处对象，而要说你选择跟她处对象；不要说农民决定在田里种稻子，而要说农民选择在田里种稻子；不要说政府决定推行重工业优先发展战略，而要说政府选择推行重工业优先发展战略。一切的行为，都要从选择的角度来看。

这只是看事物的角度，但千万不要小看了这个看事物的角度。

以这样的角度看问题，就有了成本的概念。成本是你放弃的东西。在甲、乙间进行选择，你选择甲，放弃的乙就构成选择甲的成本。这个是经济学仅有的成本概念，也叫机会成本。会计学上的成本概念不同于经济学上的成本概念，经济学上的成本概念也不同于老百姓日常所说的成本概念。

问题是，要选择甲，你得放弃乙、丙、丁等一系列选项，那么乙、丙、丁中的哪一个才是选择甲的成本呢？答案是乙、丙、丁中价值最高的那一项就是选择甲的成本。成本者，放弃的最高代价是也。选择读大学的成本，是你放弃的打工的收入。考你们一个问题：你们吃饭穿衣的费用，算不算读大学的成本？不算！因为即使你们不读大学，也要吃饭穿衣。你们的学费算不算读大学的成本？算！因为如果不读大学，你们就不需要支付这样一笔费用。所以，读大学的真实成本是学费加打工的收入。可见，读大学的成本是不低的。所以，你们要珍惜机会，好好学习。这是我对你们的忠告。上大学需要支付这么高的成本，那么就一定要珍惜机会，不然你就亏大了。

最直观的例子是，不少北京人没有到过长城，但是外地人到过北京的话，很少有不去长城的。为什么？这涉及成本概念的一个重要性质：没有选择就没有成本，历史成本不是成本。我从杭州飞到北京，飞机票 1000 元。到了北京后，决定要不要去看长城，这 1000 元就不构成我看长城的成本了。花出去的钱，已经不能选择了，所以不是成本。现在我决定要不要去看长城，成本只是从北京市区到长城的交通费、门票以及占用的时间的价值。而如果我到了北京不去长城，回到家里，再决定去看长城的话，那么 1000 元的机票就要构成看长城的成本了。那么你说说，作为外地人，到了北京要不要看长城？以此类推，如果走很远的路、排很长的队，然后才能看画展，那么你一定会看得仔细。反过来，如果你很方便去看画展，那么你也许看得不那么仔细。我们看到在超市的收费口顾客排着队，然而一些收费口却关闭着。这既是为了节省监督收费员偷懒的费用——顾客排着队，收费员要偷懒也不可能，也是为了促使顾客多买——考虑到去一趟超市不容易，能买的就会尽量一次把它买回来。

　　要交高额学费，才能取得学习的机会，那么你一定会珍惜机会，努力学习，因为已经交了学费，你学习的成本就只有读书放弃的打工收入了。反过来，如果你不好好学习，要从头再学的话，你的成本就不只是读书放弃的打工收入了，还要加上那高额的学费。例子比比皆是：你一般不会进五星饭店只吃一碗面条；你带了女朋友到餐馆，点的菜也一定会相对高档一些；你更不会在高档地段建廉租房……极端地说，没有成本，人们做事就不会认真，因为他总可以没有代价地从头再来。不要相信他怎么说的，要看他是怎么做的。为什么？因为言论没有成本，行动却有代价。都说娶得丑媳妇是福，但是你们看看，哪个男子不是见了美女眼放绿光？

为什么求婚要奉上大戒指？为什么结婚时女方要彩礼？不要以为这是封建习俗，这是要让男方付出代价。没有代价，他说"我爱你"，你怎么知道他是认真的呢？没有代价，他可以见着任何女孩都说"我爱你"。所以，钻石有多重，爱就有多深。当然，这个重是相对于他的收入和财富而言的。为什么结婚要大宴宾客，让人人皆知？这也是为了提高你离婚的成本。

来，我们继续分析前面提到的行为的成本！你选择与她处对象的成本是什么？是你放弃的可能成为你女朋友的最漂亮的那位异性。所以同学们，搞对象是有成本的，而且这成本也不低。种稻子的成本呢？是农民放弃的种玉米、红薯、大豆或者其他作物中能够创造最高净收益的另一种作物的产出。政府推行重工业优先发展战略的成本，是推行别的发展战略可能带来的最好的生活。

任何的决定，都是选择；任何的安排，也都是选择。世界上就没有无替代选择的项目。只要代价足够高，替代品一定会出现。过去，我们说石油没有替代品，但是随着石油价格上涨，生物柴油出现了——生物柴油成为石油的替代品。今天很多人认为稀土不可替代，主张限制稀土出口，要留一些给子孙后代。但我要告诉大家，稀土没有替代品，是因为稀土价格还不够高。如果稀土价格足够高，替代产品一定会出现的。中国的稀土出口可能是过度了，但这不是因为稀土没有替代品、需要留给子孙。

世间就没有无替代选择的项目。所以，凡事都有代价，天下没有免费的午餐。任何的决定都有成本，任何的安排也都有成本，所有行为都有成本。

不要干预价格

你们以为价格是什么？价格可不单是你们生活中看到的价签上的那个数字。

价格是代价，即获取某个东西所需要支付的代价。在这个意义上，价格与成本其实是一回事。你去买衣服，衣服的价格是 2000 元，但是你获得衣服的实际代价却不止 2000 元，还要加上你去商店的交通费以及购买衣服所占用的时间价值。这段时间，如果不是用来购买衣服，可以用来工作创造收入，可以用来与男朋友单独相处。你放弃的这些选项中的最大价值，就是你购买衣服占用的时间价值。前者那 2000 块钱我们叫它名义价格，后者那个加总值我们叫它实际价格。通俗地说，名义价格是以货币标识的价格，就是你生活中看到的价签上的那个数字，实际价格是你获取这个东西实际支付的代价。

这里我要告诉你们几个要点，你们也要牢牢记在心里。第一，所有价格变量都有名义变量和实际变量的区别。实际价格由货币价格和非货币价格构成。我们能够控制的是名义变量，控制不了的是实际变量。实际价格是由真实供求决定的，总是要呈现其本来面目。如果供求关系不变，你把货币价格压下来，非货币价格就会升上去；你把货币价格拉上去，非货币价格就会降下来。第二，决定人的行为的是实际变量，而不是名义变量。重要的是实际变量而不是名义变量。

你把火车票价压得低低的，不意味着乘客就真的能享受到低价格。非货币价格会上升——排队购买会发生，火车拥挤和服务质量下降也会发生。排队的时间、拥挤和服务质量下降都是价格，非货币价格。把这个价格加在火车票价之上，乘客并没有享受到低票价的好处。

你把火车票价压得低低的，一般来说"黄牛"（票贩子）就会出现。但是，如果没有"黄牛"，你就得排队。排队这个非货币价格与货币价格有着大不一样的经济性质。你支付2元钱的货币价格，这2元钱你不能抢、不能偷，所以你必须要在别的地方创造出2元钱的价值。但是，排队的时间对于社会是没有好处的。如果排队，社会就损失了2元钱的价值。我们把它叫作租值消散。价格管制总是会导致租值消散，所以我们主张不要干预价格。在价格管制的情况下，"黄牛"让人避免了排队。当然，价格管制把火车票价压低，对于那些时间价值低的人可能是有利的。这并不奇怪。蛋糕做大不意味着每个人分到的都多；蛋糕变小，不意味着每个人分到的都小。

讲到这里，有必要告诉大家，经济学只能告诉我们"是什么""为什么"，但是它不能够告诉我们"应该是什么"。前者是实证分析，后者是价值判断。价值判断完全是主观的东西，100 个人会有 101 个答案——因为有一个人睡了一晚上醒来后，他的答案又变了。经济学能够告诉我们，即使你把火车票价压得低低的，乘客整体上也并不能得到低票价的好处，会有租值消散发生，社会的整体福利会下降。但是，经济学并不能告诉我们火车票价应该压低或者提高。

一些人喜欢为他人说话、替他人做主，并且言之凿凿，似乎他比当事人更关心当事人的利益，更能代表当事人的利益。因为农民打工辛苦，他们说那是血汗工厂，要取消。办法之一，是实施最低工资法，提高工人的工资待遇。问题在于，假如一个人每月只能创造 800 元的价值，然而最低工资法规定月工资最低是 900 元，那些每月只能创造 800 元价值的工人怎么办？企业不可能赔本给工人发工资，于是只能裁员，减小生产规模，或者关门大吉。结果，那些劳动生产率低于每月 900 元价值的老弱病残就会失业。你说最低工资法是帮了他们还是害了他们？

或许有人说，帮助老弱病残是政府的职责，应该通过社会保障给予他们帮助，而不是让他们做"血汗"工作自救。但问题是：不实行最低工资法，政府同样可以帮助他们的呀！而且如果没有企业减小规模和关门，政府能够收到更多的税，应该能够更好地帮助他们的。他们做一点工作，挣一点不高的薪水（虽然辛苦，甚至有些

"血汗"），同时还领政府的低收入补贴不是更好吗？你不搞最低工资法，让他们工作，自己挣 800 元，同时政府补贴他们 400 元，他们不是可以多收入 300 元吗？而且这样做政府还少支出 500 元。这样难道不是更好吗？

或许又有人说，实行最低工资法以后，企业难道不会压低利润增加工资吗？也许吧。但这就要看是什么企业了。垄断企业是有条件这样做的。对于竞争性企业来说，由于市场竞争已经把利润压到了最低，低得为零（经济利润），何来压低利润增加工资的空间？它们仅有减小规模和关门大吉的空间。但问题是：称得上弱势群体的人，他们可能进入垄断企业谋得一份工作吗？

还是张五常讲得好："你说最低工资法好，那就不要全国统一实施，让地方自由选择。这样，有的地方实施，有的地方不实施；有的高一些，有的低一些。如果实施的地方比不实施的地方经济发展得好，高一些的地方比低一些的地方经济发展得好，工人们都往那里跑，那就证明最低工资法好。"

重视约束条件

经济学假设，人人追求约束条件下的利益最大化。一方面，人的行为受到主观偏好的影响。不同的人，偏好可能不一样：有的人喜欢胖，有的人喜欢瘦；有的人喜欢长发，有的人喜欢短发。另一方面，人的行为受到客观约束条件的影响。即使偏好相同，但是约束条件不同，人的行为选择也会不同。就是说，人的行为是由偏好和约束条件共同决定的。

但是经济学偏偏假定所有人的偏好是相同的。就是说，经济学把人看作是同质的——他们同样聪明，任何人既不比他人聪明，也不比他人愚笨。这也就是说，在经济学的框架内，你不需要去考虑偏好差异。行为和结果不同，完全是因为约束条件不同所致。

据我所知，这样的行为假设遭到了不少人的批评。他们讲这样的行为假设不能准确刻画这个世界，也不能反映经济的全貌。但我们能够肯定，这样的行为假设、这样的视角一定能够让我们看到独特的风景，给我们独有的启迪。须知，和任何现象都相容的理论是没有解释力的，一幅比例尺为1:1的地图是没有任何意义的。这是经济学片面之所在，也是经济学价值之所在。

在经济学的框架内，你不能说我谢作诗怎么这么蠢，竟然去搞家族经营。你在做这些指责的时候一定要想一想：既然我在追求利润最大化，如果请人经营能够创造更多的利润，怎么会不请人经营呢？我不请人经营，一定是因为自己经营或者让兄弟姐妹来经营更划算了。我请你经营，你的确有经营才能，但你给我干活是不可能像给自己干活那样用心的。你可能要租漂亮的办公室，坐头等舱，请漂亮女秘书，甚至你可能会挪用我的钱去办完全属于你自己的私事。遇到这样的事情，我怎么办？要知道，我不能打你，也不能骂你，因为我是富人，富人违法的成本高。我只能用合法的手段加以解决，就是诉诸法律。但是，如果打官司是一件费时费力的事情，那又怎么办？那就自己经营或者让兄弟姐妹来经营好了。所以，以经济学的视角来看，如果一个地区家族经营盛行的话，那么你就要留意这个地区的法治状况了。我们观察到有些国家不是没有家族经营，但是不普遍，说明他们法治良好；有些国家家族经营盛行，说明这些国家法治水平还有待提高。以经济学的视角来看，你不满意家族经营，可不可以？可以。但你应该把精力用于推动法治建设，而不是去帮助家族企业进行现代企业制度改造。

美国老太太贷款买房子，住了一辈子，老了要死了，贷款也还上了；中国老太太呢，攒了一辈子的钱，最后终于买下了房子，第二天却死了。但在经济学的框架内，你不能说中国老太太蠢，美国老太太就聪明。想想看，改革开放初期，且不说没有房子可买，由于经济不发达，利率高，市场不完善，合约履行程度低，就是有房子可买，又有谁去买呢？今天，经济发展了，利率降下来了，市场发达了，合约履行程度提高了，大家自然买房子了。

经济学并不否定人的差异性：有的人爱财，有的人好色，有的人勇敢，有的人懦弱。这是无可改变的事实。从管理学的角度讲，面对不同的人，当然要委以不同的任务，施以不同的激励措施。经济学承认人的差异性，却不关注人的差异，而把注意力集中到约束上。在经济学的框架内，如果你不愿意看到某个行为，你不能简单地叫人不要那样做，那样是没有用的；在经济学的框架内，如果你希望他人去做某件事，你不能简单地要求人做好那件事。正确的做法是设计出一组约束条件，进行制度和激励机制建设。

这就是老子所讲的"无为而天下治"。"无为"不是什么事都不要做，而是建立起恰当的制度约束和激励机制。在这个制度约束和激励机制下，自利的个人会自觉地实现社会利益。在这个意义上，诸葛孔明就不是一个好的管理者。他事必躬亲，说明制度和激励机制还不够完善。

下围棋的同学都知道，刚开始学棋的时候，老师是一定要让你按定式下棋的。但是当你学成谢师了，真正下棋的时候，是不可能按照定式下棋的。所谓高手无定式，讲的就是这个意思。打乒乓球的同学也知道，刚开始学乒乓球的时候，练习推挡，不管什么球，都要求你用一个固定的姿势去推这个球；练习拉球，不管什么球，都要求你用一个固定的姿势去拉这个球。但是当真正打球的时候，你就不能拘泥于这个姿势了。马林打乒乓球的时候，常常有一些怪异夸张的动作，但是他的这些不规范的动作很有效。武林中也有无招胜有招的说法，它们都是一个意思。

现实是综合的，在解决实际问题的时候，当然要求从不同的角度综合分析和把握问题。所谓"横看成岭侧成峰"，每一个角度都能增进我们对于现实的理解和把握。做好管理，我们当然要研究不同人的偏好和差异，但这应该是在经济学的基础之上所做的进一步工作，是不能与经济学的基本原理相违背的。回到现实生活中，你当然可以把十八般武艺都使出来，但是学武艺的时候，必须是一件一件地学。大家要有不考虑人的差异而从约束来解释经济行为的本事。

存在即是合理

黑格尔讲："存在即是合理。"这是经济学的又一个重要的基本道理。"合理"一词是什么意思？是说每一件事都有其存在的理由和根据。用经济学的术语来讲，就是每一件事都有它赖以产生的约束条件。至于这个理由、根据，或者说约束条件是好还是不好，我们喜欢还是不喜欢，那就是另外的问题了。这是我的解释。

既然存在即是合理，那么当见到一些反常的、离奇古怪的事情，你就不要简单地说它不合理。

我们不能简单地说高校用文章、课题的数量和级别来进行学术评价不合理。须知，我们的大学主要是公立大学。由于公立大学花的不是自己的钱，就不容易达成一致意见，用经济学的术语来说，就是达成一致意见的费用高。为了节约交易费用，公立大学不得不更多地采用好量化、易观察的指标来进行学术评价，而且更多地采取事后评价的办法，即根据从事教职后发表了多少篇文章、刊物的排名、获得了多少个课题、立项单位的级别等来进行学术评价。在芝加哥大学，戴维德可以凭口述传统获得教授职位；在牛津大学，莫里斯可以在无名之时获得教授职位；在麻省理工学院，丁肇中年纪轻轻可以获得远远超过其预期的学术待遇。但在公立大学，这样的事情就很难实现。在我们的大学，给院士、功成名就的大学者很高的待遇可以，但要给一个成长过程中的年轻人很高的待遇就会引来非议。我们反对高校用文章、课题的数量和级别来进行学术评价，不如反对高校现有的体制。

我们不能因为出租车选择在下午五六点下班高峰期交接班，便说那不合理、无效率。要知道，出租车早上从 A 地出发，下午收车回来的时候，事先并不确知自己处在什么位置。这就是说，要从一个随机的地点 B，在预定的时间内回到给定的地点 A。现在我要问：选择什么时间段交接班空车率最低呀？毫无疑问，选择人流最多的时间段空车率最低。你也可以用数学去证明，但我可以告诉你，你最后证明的一定是我的结论。

中国古代有对女人的种种道德约束，比如"三从四德""从一而终""嫁鸡随鸡，嫁狗随狗"。男人可以一妻多妾，但是女人就不行。我们听说给女人立贞节牌坊的，没有听说给男人立贞节牌坊的吧？不要简单地认为这是歧视妇女，不合理。现在我们知道，基因的鉴别十分重要。假如基因混乱不清，就会出现近亲繁殖，后代不是智障、就是身残，人类就不能很好地延续，生存就没有保障。所以这是大事，比天还大的大事。人的基因有两个来源：一个来自母体，一个来自父体。来自母体的基因好鉴别——妈不可能是假的。

但是，爹就不一样了——爹有可能是假的。假如一个女人在同一时间跟多个男人在一起，那么孩子的父亲是谁就搞不清楚了，种族的延续就要出大问题。要知道，古时候是没有避孕措施的，也没有脱氧核糖核酸（DNA）基因鉴定技术。但是，男人在同一时间跟多个女人在一起却不存在这样的问题。只要一个女人在一定的时间内只跟一个男人在一起，那么孩子的基因鉴别就不成问题。给女人以特别的道德约束，这是在没有避孕措施和脱氧核糖核酸基因鉴定技术约束下鉴别基因的制度安排。这是高级智慧，我们怎么可以妄加指责呢？

现在我们不需要这些道德约束了，可不是因为现在社会进步了，我们讲究男女平等了，也不是因为现在经济独立了，妇女不再需要依附男人了。那些认为男女关系中经济地位决定了相对地位的论调，犯了如古典经济学一样的错误。不是劳动付出越多，价值就越大；不是经济贡献越大，在男女关系中地位就越高。对女人做特别的道德约束，跟歧视妇女、男女平等扯不上关系。在逻辑上，只要男女比例永远是 1:1，那么在整体上男女就永远是平等的。我还要告诉各位，是科技进步把诸位女士解放的。

也不要以为，对妇女进行特别约束只是我们中华民族的事，西方人也是这样的。直到 20 世纪初，西方才允许妇女穿裤子——一直以来，她们只能穿裙子。中国古代有着女人缠小脚的审美情趣，而西方社会则有着女人穿高跟鞋的审美情趣。这是异曲同工的。

存在即是合理，每一件事都有它赖以产生的约束条件。可以反过来，要培育、促成一件事情，就不会只是因为我们强调它如何重要，它就会自然产生，然后降临到我们身边。重要的是我们要创造事物赖以产生的约束条件，也就是创造事物赖以产生的根据。

科斯讲："你们讲什么，我脑袋里想到的都是土豆。"科斯的"土豆"是什么意思呢？我理解，是约束条件，是事物存在的依据。在这个世界上，是科斯和张五常使得我们真正重视约束条件。科斯的话语是黑格尔"存在即是合理"的另一种表达。

世上没有无缘无故的现象和行为，有因必有果，有果必有因。那些动不动就叫嚷这也不合理、那也无效率的愤青，即便不说他们蠢，也毫无疑问是低手了。高手看世界是和谐的。想想吧：既然人人追求利益最大化，怎么会有那么多的不合理和无效率呢？不要总是把追求利益最大化与损人利己联系在一起，一个追求自身利益最大化的人是不可能漠视他人利益的。

2012 年 11 月

关于"数学帝国主义"的通信

高（小勇）老师：

　　您区分物理世界与人的世界，以及提出的有关看法，在我看来不仅正确，而且非常有意义。是的，两个世界事物之间的关系在稳定性上大不一样，这决定了两个世界中知识的获取方法是不一样的。受您的启发，我在想：交易费用的约束是人的世界所特有的。我们有一个比喻——将交易费用比做物理世界的摩擦力。其实这个比喻是不贴切的。在物理世界，知道一台拖拉机能拉多少千克，就知道两台拖拉机能拉多少千克。这是可以确定的。但是在人的世界，知道一个人扛多少千克，却不能确定两个人一起能扛多少千克。有些时候交易费用是一个人为的东西，这决定了数学方法不可以简单地用于人的世界。我曾经想：在正交易费用的世界，简单地将不同人的所得加总来构造福利函数讨论效率问题，是错的。例如，简单地将垄断利润和消费者剩余加总构造福利函数，来讨论垄断的效率问题，就是错的。

不是不可以用数学方法，而是一定要注意这种方法的适用范围和适用条件。

第一，数学能帮助逻辑推理。虽然逻辑正确，但是结论正确与否还依赖前提假设。前提假设的取舍规定可就是真实世界的事了。你去看传统的外部性分析，看传统的公共品理论分析，逻辑上都没有毛病，严谨得很，但结论就是不那么可信。原因就在于忽略了真实世界的某些约束，在于做了一些不切实际的前提假设。

有些时候，数学是可以帮一点忙的。比如，我们可以借助统计学来对前提假设进行取舍决定。但我们也要知道，应用统计方法时，样本的取舍、方程的设定是极其重要的，而这些东西都是真实世界的事。所以归根结底，前提假设的取舍规定是真实世界的事情。

倒也不是没有例外。对于理论基准的模型，我们所需要的恰恰是"无关性"命题。在这里模型的前提假定一定与现实不相符。本来我们要去寻找事物之间的因果或者其他相关性，但是在此基础上，我们搞出一个"无关性"命题。这是意味深长的事。比如，莫蒂里安尼－米勒定理、科斯定理都是"无关性"命题。我们以莫蒂里安尼－米勒定理为参照，看现实中是什么违反了这一定理的假设条件，就知道是什么因素使得不同的金融工具收益不一样了；我们以科斯定理为参照，看现实中是什么违反了这一定理的假设条件，就知道是什么因素使得产权与效率相关。我的判断是，作为理论基准的模型，前提假定一定与现实不相符。但是，舍此以外所有别的研究就要求理论的前提假设与现实世界相符合了。而且，我们还要知道，理论基准不是越多越好，而是越少越好。

第二，数学是很精密的工具。正因为它很精密，所以会失之毫厘，谬以千里。运用一些数学方法，一定要满足它赖以成立的条件。比如，用线性的东西去分析近似非线性的东西是有条件的。但您看看那些充斥期刊的线性回归模型，很少有对模型本身进行检验的。再比如，回归方程要求自变量之间独立，然而很少有人在意这方面的问题——这样多费事呀！这样也许一年半载发不了一篇文章。也许，很多人根本就没有意识到这样的问题。

期刊上有人简单地做回归分析，以判断初始条件更重要还是转轨方式更重要。我一见这样的讨论，就不再看了。明明转轨方式依赖初始条件的嘛！并非只要是数学方法获得的结果就都是可靠的。明明真实数据呈椭圆形分布，硬要去做线性回归，那是一定会得到一条回归直线的。但是这条直线可信吗？它有什么意义吗？一点也不可信，半点意义也没有。

在社会科学中，由于不能做可控实验，要满足数学方法赖以成立的条件常常很难。方法愈精确，使用起来愈是要小心谨慎。与其"精确地错"，不如"粗略地对"。所以有些时候，我宁愿相信张五常的根据垃圾量来判断人们生活水平之高低，相信您的根据电力紧张程度来判断经济景气程度，也不愿意相信那些精确的数学模型和结论。数学方法的产生以及在自然科学上的应用已经很久远了，为什么它不曾及时地普遍地应用于社会科学呢？我想前人是知道其中的困难和问题的。前人和今人何以有这样的差别？这倒是需要解释的。

我本人是学数学出身的，曾经研究过几年数学。我有一种感觉，很多时候，经济学界是在滥用数学、糟蹋数学。我有一些数学界的朋友，他们对经济学界的所作所为嗤之以鼻。可能我们的很多经济学者，并不理解数学的精髓，并不理解数学的精妙和局限，只是照猫画虎般套用一番。这是很可悲的。这不仅仅是经济学的悲哀，也是数学的悲哀。

敬礼！

谢作诗

2003.11.20

作诗：

你是教授，又在两所大学授业，所以我还是将上次的想法梳理一下为好。

我觉得，洋务运动崇拜的实业科技与五四运动提倡的科学，二者向来没有很好地被区分。五四运动所讲的科学不是指某一门具体的学科，如物理学、数学或具体的哪种科技，它讲的是思想方法，如胡适的"大胆假设，小心求证"。

假设什么呢？假设客观事物之间的关系。大哲学家、数学家罗素非常强调这种关系，大致将这种关系分成六类。科学哲学的先驱人物、物理学家马赫直截了当地将科学定义为发现和求证事物间的函数关系。求证什么呢？求证关系的真假，同时也将科学所追求的关系与道德价值好恶、神学迷信所武断认定的关系区分开。

科学感兴趣的不是个别事物之间的关系，而是某类事物更一般化的关系。因为人类要靠这类一般化的规律、法则或真理，来演绎、推导、预言个别关系，以决定行为。个别关系只是科学假设和想象某类关系的起点或诱因，如传说中苹果落地对牛顿的启发；还有就是个别事物关系作为一个可观察结果，来实证某类更一般、更抽象关系的演绎推导及预言知识的真假。早年在美国专门听过大师卡尔纳普一学期课的张五常，强调要拿捏住科学的方法论的重心。其实就是两点：第一，理论要约束行为，解释和推测事物间的个别关系要与一般抽象的假设有必然逻辑，否则就是用事实解释事实；第二，演绎出的个别关系要可观察。其实，在波普尔看来，如果一种抽象的一般化关系的知识更接近真理，那么它演绎出来的可观察的个别关系就更对他的胃口。如观察到星光在太阳表面弯曲这种个别关系，对爱因斯坦广义相对论就是异乎寻常的有力证实。对于知识的真假，科学哲学对以往的唯理论和经验论做了个综合，让人明白获得一个可能是真的关系、真的知识、大致被称作科学的东西，要满足什么条件、遵守什么认识规矩。人类认识论还有许多新的进展。

　　数学是一种有力的认识方法。事实似乎是：近代以来人类思考事物关系的路径，已不仅仅是从经验的具体或个别到抽象或一般了，而是更有效率了——利用数学工具先大胆假设事物间的关系，然后再小心求证和观察个别。甚至，数学假设的事物间的关系那样优美，以致物理学家对观察实证常常还表现出不屑，如爱因斯坦对人们关于广义相对论的可观察问题的议论就很不以为然。在物理研究中，人在一旁还弄不明白时，数学常常自行地把关系推导出来了。薛定谔、海森堡等人在应用数学波动方程、矩阵方程研究量子世界时，都遭遇过这种情形。物理学的发展史似乎也表明，只要数学武库里还有武器往外拿，物理世界就是可知的。人类关于难以观察的物理世界的知识越来越依赖数学的提点了。有了高斯、罗巴切夫斯基、鲍耶等的非欧几何，爱因斯坦的广义相对论才可以假设和想象。想想第二次世界大战前德国哥廷根大学有多少像希尔伯特、普朗克那样的世界级数学家、物理学家，就知道数学对我们获取物理世界的关系和知识所产生的巨大力量了。

　　数学的力量是需要解释的。科学哲学的大师莱欣巴哈的解释是：数学与物理世界是同构的。数学开始于对可观察物理世界关系的形式化，如欧氏几何。为了方便认识复杂的客观事物及关系，人类将它们分类，研究这些分类之间复杂的包含与被包含关系。数学本质上是一门"类包含"的学问，它将事物分类形式化，用方程来定格表示。现在一些运用数学的人注意关系的精确，我觉得最重要的是关系的真假。尤其对认识人的世界来说，对"精确的假"与"大致的真"没有领悟是一种不幸。对于客观世界可观察到什么程度是由技术发展决定的，我们最初的知识边界是可见光划定的。数学这门形式化的工具多么有力是常人难以想象的。它引导着人们去假设、想象、探索着暂时不可观察的世界。

说具体些，数学形式化的力量在于它所处理的物理世界具有可形式化的稳定性。第一，决定事物间关系的条件是稳定的。比如地球与太阳及其他行星的关系是由引力决定的，引力至今稳定存在，它所决定的物与物的关系也是不变的。第二，物理世界的无机物对条件作用的反映是稳定的。物理世界的稳定给了数学演绎推导事物关系大展拳脚之地：条件的稳定、事物间关系的稳定，让大数学家康托尔想象出"无穷"这个概念。整数包含偶数和奇数，从无穷角度看，整数和它所包含的偶数竟然是一样大的，在认识论上就意味着局部等于整体。物理世界的稳定性，就意味着关于它的局部关系真理可以推而广之。

"数学帝国主义"前进步伐很快，美国已有用数学来研究人类历史的专业了。美国的顶尖数学家在20世纪末集体出版了《今日数学》一书。但他们在书中承认，数学在生物世界进展不大。霍金在其名著《时间简史》中也遗憾地说，数学在人的世界成绩很少。

我与汪丁丁谈过，想让他或是杨小凯、钱颖一写写数学在经济学领域中的适用范围。他也想谈这个问题，但让我先请钱、杨两位。后来我想问题不是这样的。我想问：上千年以来数学在人的世界为什么没有像在物理世界那样取得丰功伟绩？

我自己的猜想是：人的世界没有物理世界稳定。拿经济学来讲，人的行为的约束条件是价格及利害。它是变化的，远没有物理世界的引力稳定。自然，其关系就谈不上稳定。比如日本汇率与日本的对外投资，美国经济增长与中国的出口等等，这些关系在几年前都是"常识"。然而，这些关系现在都不复存在了，因为决定它们关系的价格和利害变了。再说，在同样条件下，人与人并不像无机物那样反应一致。比如某种制度成本或物品价格变化后，你不能指望人人反应相同。柏拉图的"卫国者"想象，我们过去的实践，都试图将人改造得能对某种外部作用做出理想的一致反应，但事实并不理想。

我曾问过汪丁丁：为什么欧洲大陆在人的世界不如在物理世界有知识？丁丁没有答案。我的猜想是：欧洲大陆的世界观和方法论都是唯理论支配的，唯理论是由数学支配的，笛卡尔、莱布尼茨、康德既是大哲学家又是大数学家。以数学为支撑的世界观和方法论可以有效地获取物理世界的知识，但用这种方法来处理人的世界却很失败。相反，尽管在 1870 年以前，数学在美国实际上是名存实亡的，但为经验论支配的英美在处理人的世界方面却显得比欧洲大陆有知识，比如英国稳健的"光荣革命"，至今尚保留着女王等。第二次世界大战前德国的物理和数学知识为全球翘楚，但这种知识却处理不了人的世界。从另一方面看，人的世界处理不好，但只要数学传统在，物理世界的知识就不会太差。冷战时，苏联军事科技可以与美国叫板，不仅有资源畸形配置的原因，还有苏联的罗巴切夫斯基数学传统因素。美国在第二次世界大战中获得的最大战利品是欧洲大陆的数学家和物理学家，现在似乎有点像当年卷入两次世界大战的德国了（那时的世界，数学、物理学唯德国马首是瞻）。然而，让物理和数学的思维支配他们对人的世界的关系的处理，看来并不尽如人意。

我的意思是：能有效帮助人类认识物理世界关系真假的数学，在人的世界并不一定那么有效（就像用牛顿的世界观来认识很宏观和很微观的世界一样），更不能以此作为判断科学与否的标准。作为认识人的世界的经济学没有物理学精确，并不是数学化得不够或这个领域的人愚蠢，而可能是人在这个世界就不可能获得像物理学那样精确的解。非要那样做，或许能表达人的狂妄，或许只能获得"精确的愚蠢"，用所谓的科学获得不科学。中山大学王则柯教授前不久曾说，在学生接受了现代经济学教育训练后，"张五常热"就消散了。他所说的"现代训练"，就是大量应用数学来处理人的世界。我认为这跟科学无关，只跟饭碗有关。

高小勇

2003.11.25

数学之美

人们一般热衷于传统美学，而忽视人类思维的科学美。这种美在数学中得到了最好的体现。全部数学即是美学，即是方法论。

数学的抽象美和自由美[①]

谈到数学的抽象美和自由美，不能不提及音乐，也不能不提及19世纪德国著名哲学家叔本华的音乐哲学思想。叔本华生于1788年，死于1860年。他有幸耳闻目睹了德国音乐文化的两大高峰——古典音乐和19世纪浪漫派音乐的崛起。贝多芬创作《第九交响曲》的时候，叔本华正好30岁。德国浪漫派音乐大师舒伯特、韦伯、门德尔松、舒曼等都是与叔本华同时代的伟大人物。叔本华的音乐哲学实质上就是他对德国音乐文化这两大高峰的反思和解说。

他的基本见解是：音乐是旋律，它的歌词是整个世界；德国音

---

① 本节吸收了赵鑫珊的论述。

乐的外壳是典雅壮美的旋律，它的丰富深刻的内容则以整个世界为念。音乐不是表现这个或那个个别的、具体的、一定的欢乐、抑郁、痛苦和心灵宁静，而是表现欢乐、抑郁、痛苦和心灵宁静本身。这种表现是抽象的、普遍的表现。音乐（旋律）语言是普遍程度最高的语言。另一方面，音乐语言又是最具体、最丰富的一种语言。音乐是表现事物最内在的核心，是表现自在之物的。它回到现实世界，同每个人的心灵律动相遇，就会显示出最大的内涵和容量，因而最丰富、最具体、最能震撼人心。这正是西方古典音乐中"无标题音乐"具有巨大魅力的秘密所在。康德也说过，无标题音乐充满自由美。

数学也充满抽象美和自由美。大数学家克兰纳克曾说过："上帝创造了自然数，其余的一切皆是人的劳作。"当然，与其说上帝创造了自然数，不如说人类智能创造了自然数。当你睁开眼睛去看世界时，你能看到三片秋叶、三头黄牛和三颗星星……但你绝对看不到数字"3"。数字"3"是人类性灵从现实世界所有包含三个东西的集合中抽象出来的，它同对象的特有性质无关。当天高气爽、明月当空之时，仔细想想"3"这个抽象的数字，你定会赞叹人类智能的伟大创造，惊异数学的抽象美。它最抽象、最普遍，但同时又最丰富、最具体。它可以是三头猪，三颗星星，三个原子……

历史上不少著名人物都迷恋音乐，大数学家克兰纳克就是其一。一位数学王子何以如此迷恋音乐？原因也许是多方面的。依我看，最重要的一点就是数学和音乐均为一种抽象语言，它们都充满了抽象美和自由美。而且，数学和音乐还创造出金碧辉煌的世界。前者仅用十个阿拉伯数字和若干符号便创造出了一个无限的、绝对真的世界；后者仅用五条线和一些蝌蚪状的音符就创造出了一个无限的、绝对美的世界。如果说，音乐是人类感情活动最优美的表现，那么数学便是人类理性活动最惊人的杰作。

唐代王维诗曰："大漠孤烟直，长河落日圆。"数学家们的心中也有这样的场景：

但谁的烟比数学家心中的"烟"更直呢？谁的圆比数学家心中的"日"更圆呢？

数学的公理美

阿基米德告诉人们，只要给他一个恰当的支点，他就能撬动地球。那么，在理论体系的建立中，这个支点又是什么呢？这个支点就是不定义概念和公理。试想：你要说明甲概念，就需要借助乙概念，要说明乙概念，又需要借助丙概念……总有一个概念是不能用别的概念来说明的——它是用来说明别的概念的逻辑基础。这个概念就是不定义概念。数学中的集合、经济学中的偏好就是这样的概念。点、线、面也是这样的概念。谁能说清点是什么？点没有大小，无限可分。但究竟点是什么呢？还是不能说清楚。欧几里得本人说，面就是当没有一丝风的时候，池塘中水面的无限延伸。我们明白面是什么了吗？似乎明白了些什么，但又并不十分清楚。

对于理论体系的建立，仅有不定义概念是不够的，我们还要有一些基本的命题。同样的道理，这些基本命题是不可以证明的。相反，它们是用来证明别的命题的逻辑基础。这些基本命题就是公理。"两点决定一条直线""不在同一直线上的三点决定一个平面""在平面上，过直线外一点能且只能引一条直线与这直线平行"等，就是欧几里得几何的公理。"人是理性的——所谓理性就是追求约束条件下的利益最大化""消费者的偏好满足完备性、自反性和传递性""消费者的偏好具有连续性、单调性和凸性"等，都是微观经济学消费者理论的公理。

实际上，从根本上来讲一切科学的理论都是公理体系。欧氏几何是这样，消费者理论是这样，相对论也是这样……一切科学的理论也只能是公理体系。

在西方哲学文献中，探寻无法观察、不可实证对象的那部分哲学即是形而上学。自在之物便属于形而上学范畴。自然科学所取得的一些最伟大的成就正是源于坚持消除"形而上学"。现代科学方法的要义就是放弃对"自在之物"的领悟和对世界最终本质的阐明。这对于质朴的热诚者来说，可能会带来心理上的痛苦，但事实上这样的转变却是近代思想史上最有成效的一种转变。

世世代代的人都试图回答"世界是什么"这样一些本原问题，但不可能找到答案。找来找去，只能去找上帝。到了近代，西方人不再问"世界是什么"这样一些形而上学的问题，转而去研究摩擦生热、石头抛向空中某个瞬间的速度等一些具体的问题。然而，恰恰是对于这些具体问题的研究推动了近现代西方的文明。数学中这类情况更为突出。世世代代的数学家一直把他们的研究对象看成"自在之物"。直到19世纪，数学家才开始懂得，追问"数"是什么、"点"是什么并不属于数学讨论的范围，而是一种没有实际意义的形而上学问题，故必须抛弃。数学家所能做的工作只是说明"不加定义的对象之间的相互关系以及它们所遵循的运算法则"。

人类最光辉的思想之一就是公理思想。这一思想在欧几里得几何里得到了最完美的表现。"点""线""面"几个不定义概念外加几条公理，建立起来了瑰丽壮观的欧几里得大厦。罗巴切夫斯基只将平行公理"在平面上，过直线外一点能且只能引一条直线与这直线平行"改为"过直线外一点可以引两条直线与这直线平行"，也建立起来了瑰丽壮观的非欧大厦。在欧几里得大厦里，我们看到"三角形三内角之和等于180°"。在罗巴切夫斯基的非欧大厦里，我们看到"三角形三内角之和大于180°"。这些都反映了现实空间的相对真理。

世界之大，不是一个或几个公理体系所能刻画和反映得了的。幸好，公理体系的关键不在于公理假设本身是否正确（与现实相符），而在于它们之间是否满足相容性、独立性和完备性；也不在于这个体系的逻辑结论是否正确（与现实相符），而在于从公理假设到逻辑结论的推导是否严谨可信。当然，人们不会凭空建立公理体系，而且当公理体系的逻辑结论被检验为不正确（与现实不相符）的时候，人们就会修改这个理论体系的公理假设，或者抛弃这个理论体系。但这并不能否定人们可以用错误（与现实不相符）的公理假设构造出"完美"的公理体系。尽管由错误（与现实不相符）的公理假设所构造出的公理体系的逻辑结论是错误（与现实不相符）的，但这个公理体系仍然是"完美"的。

公理体系一个意外的好处就是当其逻辑结果被检验为不正确的时候，人们知道错在哪里，知道从哪里着手进行修正。而且，当只有一个结果是公理体系的逻辑结果时，不同结果之间才具有可比的基础，不同公理体系的结果之间也才具有可比的基础。这是非常重要的，因为我们知道经验证明是有局限的，仅仅根据经验证明进行比较是不够的。这恐怕是经济模型在现代经济学中大为流行的缘故吧。一个经济模型其实就是一个子公理体系。

世间的事情就是这么有趣：所有的东西最终都要靠建立在无法说清、不能证明的不定义概念和公理假设基础上的公理体系来得到说明。尤其是以结论的精确性和确定性而著称的数学，它的基础竟是一些说不清的、朦胧的东西！

1996 年 9 月

伟大的发明创造从来都是年轻人的专利

让我从一个年轻的学生讲起吧。

大概是在 1934 年，伦敦经济学院年轻的本科生罗纳德·科斯，受到福特基金会的资助到美国访学。他在芝加哥大学听了奈特几堂课，若有所悟。参观了福特工厂之后，他思考企业因为什么而存在。他得出的答案是：企业因为交易费用而起；市场运行是有费用的，企业就是因为要节约市场运行的费用而存在。三年后，他在《法律经济学》杂志上以"企业的性质"为题发表了一篇阐述这一思想的文章。到了 1960 年，他又在《法律经济学》杂志上以"社会成本问题"为题发表了另一篇文章。当时，他并没有意识到这两篇文章讲的是相同的事情。但是，后来学界公认这两篇文章讲的其实是相同的事情。1991 年，科斯因为这两篇文章而获得诺贝尔经济学奖。大家都认为，这是实至名归，只是诺贝尔经济学奖来得迟了些，应该早十年来的。

这个故事的第一个要点是：他怎么会问出这样浅白的问题呢？

"企业因为什么而存在？"这是小孩子式的提问。像我这样 40 岁的教授是问不出来的。但是，不要小看了这样的"浅"问题。他的这一问，从此改变了我们看世界的方式。

我们总以为，一个人的行为给他人造成损害，但当事人不顾及他人所受的损害，从社会的角度看结果，资源配置过度了；一个人的行为给他人带来好处，但当事人不顾及他人所得到的好处，从社会的角度看结果，资源配置又是不足的。但科斯告诉我们：假如交易费用为零的话，那么当事人给他人造成的损害其实应该算作他自己的损害，给他人带来的好处其实应该算作他自己的好处。例如，我在这里抽烟，你们在那里被动吸入尼古丁。这损害应该算作你们的还是我的呢？科斯说，应该算作我的，因为你们一定不会听之任之，你们一定会跟我讲："谢老师呀，你少抽一支烟吧。你少抽一支烟，我们给你一元钱。"假如我一意孤行，就是要抽那一支烟，那么我就得放弃你们给我的那一元赎金。结论是：在交易费用为零的世界里，私人成本与社会成本没有分离，个人和集体是一致的，不会有任何矛盾产生的。

交易费用为正又怎样呢？你们可能听之任之，不做反应。在这种情况下，一般是你们让我不抽烟或者少抽烟的谈判费用太高，超过了你们所能获得的收益，所以不值得作反应。在这种情况下，私人成本与社会成本之间的确发生分离，但是这种分离可不是无效率的表现，而恰恰是有效率的表现。经过科斯的提点，我们不再一般地认为垄断一定是无效率的，不再一般地认为在信息不对称情况下市场一定是失灵的，也不再一般地认为存在外部效应情况下市场一定是失灵的。我们再也不会那样简单地认为这是市场应该做的，那是政府应该做的。我们从此看到了一个复杂的、五彩缤纷的，但却是和谐的世界。

经过科斯的提点，我开始认为传统的"囚犯难题"和"合成谬误"的分析都是错误的。这个观点反对的人不多，但是沿用传统分析的人不少。我的一个叫姜航的学生，他坚信我的分析是对的；我的另一个叫许宏超的学生，他说用我教他的方法看问题，别人都对他刮目相看。而我呢，不过是接受了 20 世纪 30 年代伦敦经济学院那个年轻的本科生的提点。

这个故事的第二个要点是：假如科斯不曾在伦敦经济学院学习过，不曾去芝加哥大学听奈特几堂课，他还能问出这样的问题吗？难道我们不知道企业之存在吗？难道我们不知道苹果会落地吗？但我们没有去问、也不可能去问企业为什么会存在、苹果为什么会落地这样的问题。

我们对某个现象有疑问，一定是因为它与我们脑袋里的既有认识不一致。古典和新古典经济学认为：市场能够有效协调交易，使社会福利达到最大化。既然市场能够有效协调交易，那为什么要有企业？要知道，在企业内部不是以市场价格，而是以行政命令在协调交易。从理论上说，企业里的每一项活动，都是可以通过市场交易来完成的。从理论上说，校长不需要通过层级制的行政命令的方式安排我讲什么课、怎样讲。每一门课甚至每一堂课，都可以用市场谈判的方式来确定。你给我多少钱，我给你讲多长时间、讲到什么程度。一手交钱，一手交货，每上一课谈判一次。但那样的话，谈判费用实在是太高了。为了节约谈判费用，校长三年聘我一次，通过一次性谈判决定我三年的职责和报酬。而我呢，则放弃这三年中的择业自由，服从校长的行政命令。用一次性的市场谈判替代三年中多次的市场谈判，用行政命令协调交易来替代用市场价格协调交易。于是学校这样的科层制组织就产生了。

我们不能不问：假如科斯脑袋里没有古典和新古典经济学的体系，他还会产生这样的疑问吗？我们每天都要面对形形色色的现象和行为：公鸡要打鸣，母鸡要下蛋，女人要生孩子……哪一种现象和行为才是重要的和值得我们关注的呢？这就需要我们脑袋里有理论参照系。一个人是否受过专业训练，差别就在于脑袋里是否建立起了应有的理论参照系。那些和理论参照系不一致的现象和行为，就是我们可遇而不可求的、值得潜心关注的问题了。所以，我们一方面要学好专业理论，在脑袋里建立起观察世界的参照系，另一方面又要积极参与社会实践，真正做到把理论与实践相结合。

今年10月至11月，我有幸被学校派往英国接受培训。在剑桥三一学院，他们给我介绍："这是用牛顿观察苹果落地的苹果树上的枝条嫁接过来的苹果树。这位是××，那位是 ××，这几位都是诺贝尔奖得主。"站在那里，我真的感到自己很渺小、微不足道。
我衷心希望有那么一天，因为在座诸君，将来到沈阳师大也会有如
同我在剑桥那样渺小和微不足道的感觉。

2006 年 12 月

科斯的愿景

　　科斯对美国经济学的发展很失望。他不知道现在经济学杂志上的文章讲的都是些什么。令科斯失望的是：当今经济学不是深入调查真实世界的现象和行为、在掌握微观细节和完整故事的基础上做出经济分析，而是坐在书斋里想当然地做假设，然后进行数学推导，根据新古典教条得出结论。他认为美国经济学已经无可救药，然后把希望寄托在中国。

　　并非他认为中国经济学做得好，而是他认为在中国做经济学研究的人多，哪怕只有一小部分人走真实世界经济学研究的路线，那么经济学就是有希望的。而且目前中国处在转型过程中，各种新现象、新事物层出不穷，随便深入研究一个现象都有可能修正和发展传统经济学。所以，他拿出毕生的积蓄资助中国的经济学研究，不仅在多个大学开培训班，而且在百岁高龄时还举办工作会议，邀请中国经济学者赴美进行学术研讨和交流。

　　我有幸受邀，参加了科斯在 2010 年 7 月 18 日至 24 日举办的暑期研讨会。不过令人失望的是，即使是参会人员，也大都没有提供符合科斯要求的学术论文。我也不例外。会议期间，我与朋友聊天，大家一致同意，假如没有科斯、张五常、奈特、阿尔钦，那么经济学就完全是灰色的，我们就不能看到世界的另一面。虽然科斯、张五常的经济学是真正有意思的经济学，但是我们还是不能选择走两位老人家的路线——只因为他们是拿经济学当学问在做，而我们却是当职业在做。

科斯、张五常的经济学重视经济解释。为什么今天的经济学走上了只重数学而不重思想的道路？这当然是需要解释的现象。

我最初认为，这是大学接受政府资助的结果。逻辑是这样的：假如大学的经费来自私人资助，那么只要资助者认为某个学院、某个人有水平就行了。他自己看错了血本无归，别人并没有意见可言。但是假如大学的经费主要来自政府，那么就产生了一个重要的问题：因为官员们花的不是自己的钱，所以如何达成经费分配的一致意见而不被人说官员和被资助者上下其手，是个至关重要的问题。为此，官员不得不选择好观察、易度量的指标来作为评价标准。毫无疑问，思想是不好度量的，好观察、易度量的是数学化的东西。

虽然牛津、剑桥是私立大学，但它们接受来自政府的大量资助。美国的私立大学不一样，其经费主要来自私人的捐助，它们为什么也走上了重数学而不重思想的道路？或许，私人捐助者也要选择好观察、易度量的指标来挑选捐助的对象，毕竟，他们并不具有对学术做出直接鉴定的能力。延伸到教师，自然也要确立好观察、易度量的决定胜负的准则。人们拿经济学当职业做，而不是当学问做，或许是经济学走上了重数学而不重思想道路的根本原因。作为职业，当事人首先关注的是胜负结果，而不是对于思想本身的贡献。

　　算命先生就是拿算命当职业来做的。其实，算命一点解释和预测的能力也没有。但这个世界充满着不确定性，人们总是需要一种指导，尽管并不确信这样的指导是否能够真正指引人生之路。算命满足的正是人们的这一心理需要。我认为，离开了科斯、张五常路线，经济学就离算命不远了。经济生活总是充满了不确定性，因此，尽管人们不确信经济学有什么实质的作用，也还是需要它的。

　　经济学还将一如既往地成为显学。

他所留下的智慧意义远大于生命的延续

——沉痛悼念科斯教授

2013年9月3日一早醒来，便听到科斯（Ronald Coase）教授仙逝的噩耗。整个早上，我的眼泪都挥之不去。从老先生的助手王宁教授那里得知，老先生是9月2日下午2点30分在医院安详长眠的。在2008年芝加哥大学法学院举办的"中国经济体制改革30年"学术会议上，老先生还自嘲："累了，想长眠了。"如今，老人家真的如愿以偿了。

我与老先生并没有私交，有限的晤面是在接受他的资助参加芝加哥大学为期一周的学术讨论会上。我见到了老人家，但因为人多，他年事又高，话都没有多说上几句。而尤其让我心酸的是，就在一个多月前，他老人家还为我签了名。本来，大家都在传说他老人家身体硬朗、健康，科斯中心还在筹划老人家10月来华访问，我们都满怀期待地数着日子盼望着。

但我对他老人家的学问是熟悉的。我经常讲，我的脑袋里只有科斯定理、张五常发展了的租值消散定理、比较优势原理以及成本、租值、价格、交易费用等几个基本概念。

他自己说，经过他人的启发，他意识到他的工作将改变微观经济学的结构。这应该也是他 1991 年获得诺贝尔经济学奖的原因。学界公认，他获诺奖是实至名归，只是来得晚了些。

科斯以前，经济学天真地认为真实世界会像局部均衡所描述的那样，人只管自己，却不顾给他人造成的好的或者坏的影响，即外部性。经济学曾认为，有外部性的时候需要政府干预以改善社会福利。但科斯说："如果当事人的活动确实给当事人以外的其他人造成了损失，那么这损失是要计入当事人的成本的；如果当事人以外的其他人确实从当事人的活动中获得了好处，那么这好处是要计入当事人的收益的。"牧民的行为给农民造成损害，即使不征税、不负赔偿责任，这笔账也要记在牧民的头上。人不是木头，会协商。如果农民请牧民减少畜群的数量，而牧民拒不同意的话，那么牧民就必须把放弃的本来可以从农民那里得到的那笔赎金算作扩大牛群规模的成本；养蜂人的行为给果农带来了好处，即使不补贴，这好处也要记在养蜂人的头上，因为果农一定会支付赎金，以使其增加蜂群的数量。科斯的分析是典型的一般均衡分析。

这当然是零交易费用的情况。有些时候我们会听任别人对我们造成影响而不做反应。不做反应，不是不愿意做反应或不能做反应，而是某种东西制约了我们，使我们不值得去做反应。通常，制约我们、让我们不（值得）做反应的那个东西就是交易费用。比如你吸烟，让我们被动吸入尼古丁，我们却听之任之，不做反应。这是因为我们让你不吸烟或者少吸烟的谈判费用太高（相对于所获得的收益而言），故不值得做反应进行协调罢了。这种情况并非无效率，而恰恰是效率的表现，因为要改变现状需要付出更大代价，得不偿失。

并非完美才是美。一旦考虑了交易费用，世界就变得五彩缤纷起来。然而这个五彩缤纷的世界是和谐的，而不是如庇古所宣称的不和谐、处处需要政府干预的世界。

科斯以前，经济学总认为效率发生在边际等式成立的地方。但科斯告诉我们，在正交易费用的世界上，边际等式成立的地方常常没有效率。按照传统经济学，假如甲偷了东西需要打80板才不再偷，乙偷了东西打20板就行。但是法律面前人人平等，必须各打五十大板。结果甲还照样偷，乙却干不了活儿了。这是无效率。法律面前人人平等是有公平没有效率。但是科斯告诉我们：你怎么知道甲打80板后不偷、乙打20板就不偷？13亿人每人打多少板正好不偷？考虑到这个巨大的信息费用，那么法律面前人人平等就不仅仅是公平的，而且也是有效率的。

科斯还告诉我们，自愿的交易对于双方永远都是有利的。这当然是古已有之的交易定理。只是科斯强调了交易定理的前提条件——产权明晰。

在法律领域，不去严格区分刑法和民法，刑事责任和民事责任都可以归结到侵权方对特定受害人的补偿，而不把着眼点放在公权

力对侵权方的惩戒上。这也开启了法律实践的新途径以及法经济学
这一学科。

科斯带给我们的不仅仅是科学分析，更有做出科学分析的客观
态度。一个人做价值判断容易，但要抛开个人价值观进行客观经济
分析就不容易了。但是科斯做到了。他长期看好中国经济，对中国
的进步公正分析、诚恳提示，是少有的真正关心支持中国发展的几
位大师之一。

承载生命的是后人对于逝者的敬仰与哀思。他所留下的智慧意
义远大于生命的延续！

2013 年 9 月

和谐而又五彩缤纷的世界

——解读 2009 年诺贝尔经济学奖

　　斯德哥尔摩传来消息，2009 年的诺贝尔经济学奖同时颁给了埃莉诺·奥斯特罗姆与威廉姆森两个人。新制度经济学再次被授予诺贝尔经济学奖。网易财经冯笠峰编辑、腾讯财经崔丹编辑都第一时间把这则消息告诉我，希望我写一点评论性的文字。此时此刻，做交易费用经济学研究的我，不能不写一点文字。但这一点文字对我来说又的确有些难度。

　　我不熟悉奥斯特罗姆。有人说她的研究领域是政治学，看来不准确。她的获奖说明她做的是政治经济学研究，具体说是公共选择理论，尤以公共决策与公共资源运用的研究而著称。威廉姆森是被誉为重新发现"科斯定理"的人，他也是"新制度经济学"的命名者，在制度的含义、企业和其他各种组织的性质、边界等方面做了大量的研究。可以用"新制度经济学"来概括与制度和约束相关联的所有经济学研究，但我个人更喜欢使用狭义的交易费用经济学这一概念。无疑，他们都坚持了或者至少是部分坚持了科斯所开创的交易费用经济学传统。

既然如此，我不妨从我熟悉的科斯所开创的交易费用经济学传统来说起。而首先有必要强调的是，我的解读带有很浓的主观色彩。老实说，我这个人是不善于介绍别人的工作的，因为控制不住总是要发挥一下自己的理解。问题是自己都不肯定这种理解是不是作者的本意。就像唱歌，控制不住总是要跑调，不过也无大碍——虽然跑点调，大家也能听出是哪首歌。

一脉相承的三个经济学传统

要说科斯的交易费用经济学传统，又不能不从古典、新古典经济学说起。

古典经济学以自利为出发点，证明市场竞争、价格机制在资源配置的时候能够使社会福利达到最大（即分权市场理论）。而劳动分工和专业化生产则具有提高生产率的进步作用（即分工和专业化理论），建立起了分析资源使用与收入分配的基本架构。新古典经济学引进微积分，把自利处理为约束条件下争取个人利益最大化，形式化了古典经济学的分权市场理论。古典、新古典经济学考察的是既定约束条件下的资源配置和收入分配问题，交易费用经济学则关注不同约束条件下的资源配置和收入分配问题，以及约束条件本身的形成与演变。

　　古典、新古典经济学证明市场竞争、价格机制在资源配置的时候能够使社会福利达到最大。但是我们不要忘记了，古典、新古典经济学考察的是既定约束条件下的市场运作。问题在于：这个既定的约束条件是不是我们生活在其中的真实世界的约束条件呢？一般来说，不是。这就带来一个极其重要的问题：要怎样对待和运用古典、新古典经济学呢？答案是：必须将古典、新古典经济学高度一般化。重要的不是古典、新古典经济学的逻辑结论，而是其基本原理和分析方法；重要的不是特定的约束条件及其均衡，而是不同的约束条件及其均衡。而且，市场有效运行是有条件的。

　　市场有效运行的条件是什么呢？古典、新古典经济学也是不做考虑的。而这些都是交易费用经济学关注的内容。严格来讲，交易费用经济学不过是古典、新古典经济学的高度一般化。因此，张五常才讲古典经济学、新古典经济学、交易费用经济学是一脉相承的三个经济学传统。

成本分离不是效率问题的局部而是全部

　　不会有人不同意，效率问题乃经济学核心问题。问题是：效率问题的核心又是什么？

　　众所周知，经济学将人的行为高度一般化地看作成本、收益计算的结果，人人追求约束条件下的利益最大化。问题在于：追求约束条件下利益的最大化，就一定能实现吗？表面看来，似乎满足约束条件的行为不一定导致了约束条件下的最大化。但是，我们不能一方面假设人在追求利益最大化，另一方面又说有可以拿到的利益他却不去拿。有可以拿到的利益他却不去拿，这只是外人看来如此罢了。有利益他不去拿，一定是他没有认识到这利益，或者什么东西限制了他得到这利益。没有认识到、限制他得到这利益的东西都是约束条件。考虑了所有这些约束条件，他得到的就已经是最大的利益了——约束条件下的最大利益。这也就是说，考虑了所有的约束条件，个体总是实现了利益最大化。

既然个体总是实现了利益最大化，那么经济效率问题就等同于社会福利最大化问题了。

本质上，无论是垄断产生的社会福利问题，还是信息不对称或者外部效应产生的社会福利问题，都是一个私人成本与社会成本（私人收益与社会收益）分离的社会成本问题。软预算约束是不是社会成本问题？可以从不同的角度看问题。不过在我看来，软预算约束还是一个社会成本问题。超过自己的预算约束花钱还可以不还，不是成本分离又是什么？

不存在任何成本、收益外溢的经济，是不会有无效率发生的。不存在成本、收益外溢，没有成本分离发生，帕累托最优一定可达。有什么奇怪的吗？大名鼎鼎的阿罗－德布鲁模型（同样是诺贝尔经济学奖获奖成果）证明的难道不正是这一经济学常识吗？

成本分离不是效率问题的局部，而是效率问题的全部。本质上，一切的效率问题都不过是一个私人成本与社会成本分离的社会成本问题。我的问题是：既然一切的效率问题都不过是一个社会成本问题，那么所有效率问题的答案是不是都应该回到科斯定理那里去寻找呢？

据我所知，垄断问题的答案就没有回到科斯定理上，X效率理论、"囚犯难题"与"合成谬误"的传统解释也都与科斯定理的理念相矛盾。经济学可以如此逻辑不一致吗？

成本分离未必一定有效率损失

科斯定理说，如果交易费用为零，并且没有财富效应，权利界定又是清晰的，那么由交易各方一致同意而从事的创造价值的活动将不取决于权利的初始配置，帕累托最优总是可以实现的。一般认为，科斯定理给出的是一个无关性命题——帕累托最优与权利的初始配置无关。

当然不否认这个无关性命题的重要意义：在特定的交易费用下，私人间的合约安排就可以解决私人成本与社会成本分离的问题，实现社会福利最大化。那就是说，科斯定理为我们给出了低交易费用情况下外部性问题的市场解。不过在张五常看来，科斯定理的真谛却不在于无关性命题本身，而在于促使我们关注约束条件：是什么使得权利的初始配置变得重要的？在使得权利的初始配置变得重要的约束条件存在的情况下，又该怎样看待效率和帕累托最优？用他的原话来讲就是"科斯的贡献并不在于什么定理，而在于促使我们关注约束条件"。

核心的问题是：在正交易费用的世界上，要怎样看待效率和帕累托最优才对？绝不是新古典的世界就代表了效率，而一切对于新古典世界的偏离就都代表了效率损失。对此，张五常在其就任美国西部经济学会会长时的演讲《交易成本范式》中讲得很清楚："考虑了所有的约束条件，经济总是有效率的，帕累托最优总是达到了的。"

还用吸烟的例子来做说明吧。比如你吸烟，让我们被动吸入尼古丁，而你根本不考虑对于我们的影响。按照传统的分析，私人成本与社会成本发生了分离。从社会的角度来看，吸烟是多了，存在效率损失。然而问题在于：既然被动吸烟有害，我们为什么会听之任之，不做反应呢？在这种情况下，一般是我们让你不吸烟或者少吸烟的谈判费用太高（相对于所获得的收益而言），不值得做反应进行协调。不是不愿意做或者不能做反应，而是不值得做反应。在这种情况下，私人成本与社会成本的确有分离。但这种分离不是无效率的表现，而恰恰是效率的表现。

没有成本分离，不会有无效率发生；反过来，成本分离却不意味着一定有无效率发生。

和谐而又五彩缤纷的世界

一旦考虑了交易费用（约束条件），世界就变得五彩缤纷起来。在特定的交易费用约束下，听任私人成本与社会成本的分离恰恰是效率的体现。在特定的交易费用约束下，私人间的合约安排就可以解决私人成本与社会成本分离的问题，实现社会福利最大化。而由于不同的行为有着不同的交易费用，不同的行为主体做相同的事情有着不同的交易费用，权利由一方转到另一方，交易费用也会随之转变。因此，对于有些私人成本与社会成本分离问题，政府出面解决肯定更有效率。在一般意义上，属于相同性质的垄断、信息不对称问题，由于产生私人成本与社会成本分离的原因不一样，交易费用的大小也就不一样，社会成本问题的解也会不一样。

例如，垄断就不同于污染这样的社会成本问题。后者不仅仅对于是否干预及干预效果判断的信息要求要低些，更为重要的是，如果没有政府干预，私人企业不会彼此竞争以减少污染排放。可是垄断不一样，垄断利润的存在终归会引来竞争者。如果没有政府的支持或者私人之间的相互勾结，垄断不会长久存在，私人企业的竞争最终会对垄断提供市场校正。因此和污染那样的社会成本问题不一样，在长期中，就算我们不反垄断也不会带来严重后果，只有行政垄断是例外。在一般意义上，我们唯一可以反对的就是行政垄断。信息不对称也一样，市场是可以自发地提供某种校正的，各种中介组织所提供的正是这种校正。

这就回到奥斯特罗姆与威廉姆森所做的工作上来了。奥斯特罗姆探讨公共资源管理与可持续发展之间的关系，论证了除政府和市场以外的其他经济组织怎样有效地管理自然资源。奥斯特罗姆发现，在一些情况下，即使市场不存在，人们也可通过市场与政府之外的其他途径来解决过度开发问题。她的研究显示，由"用家联盟"管理公共财产，可能比市场与政府更有效率。威廉姆森对科斯的交易费用说进行了深入的研究，对企业的边界给予了清晰论证。他们所做的都是对于什么事应该由什么组织去做，以及对于为什么是这样的组织而不是其他组织更能有效地做好这事的逻辑的解释。总之，不能用一概的方式来解决所遇到的经济问题。

这是一个复杂的世界，而不是如新古典经济学所描述的简单的世界。复杂的是现实世界的约束条件，而不是经济学的基本原理与理念。这又是一个和谐的世界，而不是如庇古所主张的处处需要政府出面干预的不和谐的世界。这就是新制度经济学给予我们的重要启示。

我看新制度经济学再次获奖

新制度经济学再次获奖，多少有些出乎我的意料。要知道，在任何一个年份，应该得到这个奖项的人非常多。而更重要的是，这已经是新制度经济学第四次获奖了。好多人猜测这是时代背景的原因：也许欧洲评选人认为，当前这场金融危机跟制度有关系，金融领域过分地放松监管跟利益集团的游说和冲突有关系。再次授予新制度经济学诺贝尔奖，是要提醒人们关注"看不见的手"功能中所存在的"局限性"。这用他们的话来说就是："市场并非万能。"

不过我要补充的是，在新制度经济学那里，市场、企业、政府以及其他公共组织，乃是对等、平行的经济组织。在理论上，市场失败的逻辑同样也是政府失败的逻辑。没错，市场不是万能的。但是当市场不能发挥作用的时候，并不意味着就要把事情交给政府去做，更不意味着政府就能做好。恰恰值得注意的是，公共选择学派认为，政府政策并不是由高度有理智和社会责任感的领导人来决定，而是由大量的利益冲突的个体决定的。这些个体包括个人、企业以及其他组织，是互相合作又互相冲突的产物，不要简单地强调政府对于市场的监管和替代。

今天处在后金融危机时代，我们的确要思考市场的自发性和盲目性。不过，我们一定要以更加广阔的视野，高度一般化地看待市场、企业、政府以及其他经济组织及其相互之间的关系：什么事情应该由市场去做？什么事情应该由企业去做？什么事情应该由政府去做？什么事情应该由政府之外的其他公共组织去做？而且，市场、企业、政府以及其他公共组织有效运行都是有条件的。其前提条件分别是什么？这个问题需要我们认真思考并做出回答。这些也的确是交易费用经济学，广义一点说是新制度经济学所要探讨的问题。不过请记住，新制度经济学并没有简单地告诉我们上述问题的答案，只是表明上述问题的复杂性。

而我更希望新制度经济学再次获奖能够引起人们对于经济学核心问题的关注，希望人们不再简单地认为完全竞争是效率的标准，希望人们能够认识到，由于真实世界的约束条件不同于标准模型的约束条件，因此标准模型的边际等式不可能得到满足。不满足标准模型的边际等式，并不意味着经济就是无效率的；相反，如果满足标准模型的边际等式，那么经济反而应该是无效率的了。帕累托最优不是某个抽象约束下的最大化，而是具体约束下的最大化；帕累托最优不是通过纸上计算得到的最大化，而是现实中可实现的最大化。老实说，我认为威廉姆森对于这个问题的意识并不是很强，而他的好些概念一般化都不好。这也是我说这个评论十分难写的原因之一。

2009 年 11 月

固执于张五常经济学的传统

　　学生从网上看到，有人说向松祚是张五常的大徒弟，谢作诗是张五常的二徒弟。于是，学生来问我是不是张五常的学生。这要看怎么定义学生的概念了。如果一定要是在课堂上听过课，或者接受过硕士、博士论文指导，那么我不能高攀说自己是张五常的学生。但是，假如说读过一个人的书，从他的书上学得了经济学的精髓，也三番五次听他当面指点过经济学的迷津，便可以算作他的学生的话，那么我无疑是张五常的学生，而且应该算是个好学生了。不过有个细节要纠正一下：我算不上张五常的二徒弟，朱锡庆在张五常经济学上做得更纯粹、更彻底，所以无论如何我都要排在他之后。

　　既然我承认自己是张五常的学生（虽然只是有实无名的学生），就得展示一下自己所掌握的张五常经济学的功夫，否则岂不有攀附大师的嫌疑？

　　张五常经济学的精髓，在于只从基本出发去解释形形色色的经济现象和行为。这个基本就是向下倾斜的需求曲线。我喜欢用约束条件下的利益最大化公理来说事，也可以说是理性人假设，与向下倾斜的需求曲线是一回事。只是要记住，理性不是追求利益最大化，而是追求约束条件下的利益最大化。这个约束条件下的利益最大化，是考虑了动态效应的约束条件下的一般均衡。只考虑静态效应，不考虑动态效应，不能算是一般均衡。局部均衡也并不是一种真实存在。

众所周知，行为经济学很时髦，做了一些"实验"，据说推翻了理性人假设。下面介绍一个具有代表性、广为流传的"实验"。拿100块钱在张三和李四两人之间分配。游戏规则是这样的：如果两人都接受分配结果，那么两人各自得到分配给他们的份额，但是，假如有一个人不接受分配结果的话，那么两个人都不能得到分配给他们的份额。实验及其结果如下：50块钱给张三，50块钱给李四，张三和李四都接受分配结果，他们各自得到50块钱；51块钱给张三，49块钱给李四，张三和李四都接受分配结果，张三得到51块钱，李四得到49块钱……99块钱给张三，1块钱给李四，李四不接受分配结果，张三和李四全都不能得到任何份额。问题来了：难道李四得不到任何钱比得到1块钱更好吗？尽管他分得的份额比张三要少，甚至少很多，但有总比无强，看来理性人假设不成立，至少不能一般地成立。

解决问题的办法是引入公平考虑。就是说，经济学不仅要考虑效率，还要考虑公平。我不是说公平不重要，也不是说公平对于效率没有影响，更不是说经济学不可以引入公平的考虑。他人要走的路，我管不着。问题在于：公平更多是价值判断，一百个人有九十九个答案，那么什么才是公平呢？它是指起点公平，还是终点公平？是指规则公平，还是结果公平？拿这个"实验"来说，公平与不公平的边界到底在哪里？恐怕谁也回答不了。

我喜欢思考的角度是，公平本身能不能在效率的框架内得到解释。当然这是个人偏好。

2010 年 7 月

真理隐藏在细节中

学问这回事，贵小而不贵大。真理隐藏在细节中，以小见大才是真学问。

当年我读博士的时候，每提出一个问题，老师李平教授就说："你那个问题是宽度（large）问题，不是大小（big）问题。"老师当年还强调："要从一个角度去分析问题，不要从多个角度去分析问题。"现在，我博士毕业八年了，要在这里展示一下自己在把握细节方面的功夫，算是对老师当年教诲的一个回报，也是给我的读者朋友的一个汇报。

说两个跟汇率有关的问题吧。说汇率，是因为它最近被炒得很热，所以要和大家一起凑凑热闹了。

教科书这样讲（大家也都这样认为）：汇率固定，那么我们就得接受通胀、通缩的国家间传导。如果人民币盯住美元的话，那么我们就得放弃物价稳定的目标，接受来自美元变动的通胀或者通缩冲击。这不是一个小问题，而是涉及国家汇率制度和货币制度的大问题。因为对任何一个微小细节的忽略，都可能导致我们得出大相径庭的逻辑结论和政策主张，后果将是严重的。

想想看，假如真的如教科书和我们大家所认为的那样，那么盯住美元可能真的不是一个好的汇率制度和货币制度。问题在于，固定汇率下我们必须接受通胀、通缩的国家间传导，这个命题有一个隐含条件，那便是我们自己有一个健康的货币制度，货币本来是稳定的，是国外给了我们扰动。可是，这个前提条件成立吗？很遗憾，它不成立。它只是一个假设而已，根本不是现实。

货币是否稳定不是由愿望决定得了的。华尔街金融危机在美国爆发，我们的四万亿刺激计划已经实施了，美国还在讨论他们的刺激计划。美国的"低效率"其实有其好处，说明美国是不容易滥发货币的。何况，美元作为国际主要储备和结算货币，储存空间大，就算一时多发一点，也不容易产生显著的后果。人民币储存空间小得多，多发一点，后果很容易就会显现出来。好比一个大湖，即使注入大量水进去，影响也是不明显的；而一个小水塘，注入少量的水，后果也会十分严重。把水塘和大湖连接起来，只会增强水塘的稳定性。注意到这个细节，就可能得出相反的结论：人民币盯住美元，不仅能保证汇率稳定，也能最好地保证国内物价稳定。

从经验上说，我们可以去观察，30 年来到底是美国的物价更稳定，还是中国的物价更稳定（即使以中国的 30 年与美国的 60 年相比较也可以），30 年来到底是人民币盯住美元期间国内物价更稳定，还是人民币未盯住美元期间国内物价更稳定。事实是：1994年人民币盯住美元之前，国内物价是很不稳定的；从1994年开始人民币盯住美元，国内物价才有了一个相对稳定的时期；2005年人民币与美元脱钩，国内又进入一个物价相对不稳定的时期。所以，不可以忽略理论的隐含条件，不可以忽略细节，因为真理就隐藏在细节中。否则，不管你是"海龟"还是"土鳖"，也不管你的计量模型做得怎样"漂亮"，注定都是要贻笑大方的。

那么，人民币盯住美元，美国干不干？但这显然是另一个问题了。原则上，你美元既然享受国际本位货币的好处，就应该允许别的货币盯住。当然，经济学没有"应该"二字。

教科书还讲："汇率贬值，出口商品的美元价格会下降，进口商品的美元价格会上升，出口增加，进口减少；汇率升值，出口商品的美元价格会上升，进口商品的美元价格会下降，出口减少，进口增加。"这是汇率的贬值效应和升值效应。你要是真的这样相信了汇率的贬值效应和升值效应，那么你很可能会得出支持人民币升值的结论。问题是，假如你认真问一问这个是短期效应还是长期效应，是局部均衡还是一般均衡，货币贬值和升值的传导机制到底是怎样的，那么很有可能，你又会得出完全不同的逻辑结论和政策主张。

汇率贬值初期，出口商品的美元价格并不会变化。在国际市场上出口商品的美元价格是在竞争约束下由供给和需求共同决定的；

假如供给、需求不变，出口商品的美元价格是不会变化的。在这种情况下，出口厂商的利润就会增加。但事情不会到此为止。假设国内工资和物价没有变化，那么原出口厂商就会扩大生产，新厂商也会进入，结果国际市场上出口商品的供给就会增加，出口商品的美元价格因而会下降。当然，事情仍然不会到此为止。国内工资和物价不可能一点也不变化，或多或少是要上升的，最终又会使得出口商品有所减少，出口商品的美元价格有所回升。尤其在国内本来已经充分就业的情况下，这种效应就会强一些。假如一国的经济已经实现充分就业了，那么要想通过汇率贬值来增加出口的可能性就不大。如果未能实现充分就业，经济结果又会怎样？工资和物价就有下降的趋势，即使汇率不贬值，出口也会增加。从表面上看，是汇率贬值促进了出口和就业，其实从根本上说乃就业不充分所具有的低成本优势使然。

汇率升值初期，出口商品的美元价格也不会变化。在这种情况下，出口厂商的利润就会减少。不过事情也不会到此为止。假设国内工资和物价没有变化，那么出口厂商就会减少生产，部分厂商甚至会选择退出出口市场。其结果是，国际市场上出口商品的供给就会减少，出口商品的美元价格因而会上升。同样，事情还是不会到此为止。国内工资和物价不可能一点也不变化，或多或少是要下降的，最终又会使得出口商品有所增加，出口商品的美元价格有所回落。尤其在国内本来就没有实现充分就业的情况下，这种效应就会强一些。那么，要想通过汇率升值来减少出口的可能性就不大。如果国内已经充分就业，结果又会怎样？工资和物价就不容易下降，即使汇率不升值，出口也不容易增加。从表面上看，是汇率升值减少了出口和就业，其实从根本上说是充分就业导致的低成本优势丧失。

汇率贬值和升值对于进口及相关问题的影响，可以同理去推导。

这便是汇率贬值和升值的真实效应及其传导机制。因为缺乏对于细节的考察，教科书上的说法"失之毫厘，谬以千里"。至少，我们不能这样说："汇率贬值，出口商品的美元价格会下降，进口商品的美元价格会上升，出口增加，进口减少；汇率升值，出口商品的美元价格会上升，进口商品的美元价格会下降，出口减少，进口增加。"要说也只能这样说："汇率贬值，出口增加，进口减少，出口商品的美元价格会下降，进口商品的美元价格会上升；汇率升值，出口减少，进口增加，出口商品的美元价格会上升，进口商品的美元价格会下降。"

知道了上述细节，相信你就不会贸然得出"人民币升值利大于弊"这样的逻辑结论，你就不会相信，天下有什么靠操纵汇率便可以解决就业的好事。若操纵汇率果真能解决就业，我们岂不都去操纵汇率了！当然，不要给我讲什么"均衡汇率的问题"。我既不相信市场"计算"的均衡汇率，更不相信人为"计算"的均衡汇率。我的看法是：选一个名义汇率固定下来好了。在一个不存在工资和物价管制的经济中，汇率总是均衡的。汇率只可能是一次性地被低估或者被高估，但不会长期被低估或者被高估的。

只要能够灵活调整工资和物价，就算随机确定名义汇率，实际汇率也会通过工资和物价的变动间接达到均衡。只有工资和物价不能灵活调整，汇率才有长期被高估或低估一说。因为工资向上调整不缺弹性，向下调整才缺弹性，所以升值通道中的货币没有汇率长期被低估一说。

人民币处在升值通道中，就不可能长期被低估。何以见得呢？倘若人民币真的被严重低估的话，黑市交易一定会盛行。认为人民币汇率被严重低估的朋友，你们去找黑市交易好了。

2010 年 4 月

经济问题与经济学问题

做经济研究的人，应该区分两类问题：经济问题与经济学问题。

顾名思义，凡是与经济生活相关联的问题都是经济问题。生产、分配、消费、全球化、知识经济等，无一不是经济问题。人类要生存，经济问题就总要相伴随而存在。

但经济问题不等于经济学问题。经济学问题是相对于经济学的存在而言的。首先要有经济学理论，然后才有经济学问题。人类在生产和生活过程中，必然要面对经济问题。经济学就是人们在回答和解决形形色色的经济问题的过程中所产生的理论体系。

那些能够证实或者证伪的既有经济理论，又或者和既有经济理论的逻辑结论不一致，用既有经济理论暂时解释不了的各种问题，都是经济学问题。回答和解决这些问题，能够增加我们的经济学知识，增强我们对于经济运行的认识。概言之，经济学问题是涉及为经济学武器库生产和加工武器工具的问题；经济问题不一样，那是利用经济学武器库中的武器工具来解决现实矛盾的问题。

好的经济问题，不一定是好的经济学问题，甚至连经济学问题也不是。反过来也一样：好的经济学问题也未必是好的经济问题，甚至谈不上是经济问题，至少不是重要的经济问题。

什么是好的经济问题呢？那些与国民经济以及日常经济生活密切相关、迫切需要解决的问题，就是好的经济问题。比如时下热门的"三农"问题、老工业基地问题、能源安全问题、纺织品配额问题、人民币汇率问题等，都是好的经济问题。这些问题，与我们的生产和生活密切相关，迫切需要我们给予解决。但解决这些问题，不一定能够增加我们的经济学知识以及我们对于经济运行的认识，总之对于我们的经济学理论未必能贡献什么。

什么是好的经济学问题呢？一般来讲，发现能够证伪既有的经济理论，或者既有经济理论解释不了的现象和行为，就是发现了好的经济学问题。这往往是可遇而不可求的。好的经济学问题，要能够一般化地来解释广泛的经济现象和行为。回答这样的问题，能够改变众所周知的学问，或者改变我们对于世界的认识。发现好的经济学问题，要求熟悉既有的经济理论。

科斯的问题是典型的经济学问题。新古典经济学认为市场能够有效配置资源。科斯于是问：既然市场能够有效配置资源，那为什么还要有企业存在？在企业内部不是通过市场交易，而是以行政命令的方式来配置资源。这个著名的问题及其答案，在基础上改变了传统经济学，根本性地改变了我们看世界的方式。科斯的这一问，促使我们关注约束条件，深刻反思是不是只有满足新古典边际等式才是帕累托最优。而对于这样的等式的任何偏离，都代表了对于帕累托最优的偏离。要知道，效率问题可是整个经济学的中心。然而科斯的这个典型的经济学问题，我们很难说它是一个经济问题，至少不算是一个好的经济问题。

阿尔钦和张五常问：为什么加州优质的红苹果能远销他乡？这个问题，也很难说是一个好的经济问题。但通过回答这个问题，我们可以知道固定费用如何影响商业行为，并且可以一般化地来解释配额的影响，以及其他极其广泛的经济现象。这无疑增进了我们对于经济世界的理解，因而就是一个好的经济学问题。

在讲授"产业组织理论"这门课的时候，我向学生提问："在竞争约束下，企业的市场力是从哪里来的？"这里的竞争不是那个与垄断相对立的竞争（这个竞争其实是作为一种市场结构的竞争，不是竞争本身），而是与稀缺性和多人世界相伴随而存在的竞争。在零交易费用的新古典世界里，在竞争约束下企业是不会有市场力的。我于是想：企业是因为正交易费用的存在而具有市场力的。我甚至想：成本分离不是效率问题的局部而是其全部。一切的效率问题都不过是一个社会成本问题，所有效率问题的答案都应该回到科斯定理那里去。我没有科斯的才情，也没有张五常的睿智，但我想这个问题应该是经济学问题了，因为它是基于新古典经济学理论而提出的。

中国经济学界似乎对经济问题感兴趣，但对经济学问题无兴趣。看一看各种学术刊物发表的研究文章、各种基金所资助的研究课题吧！不是说这些研究不重要，而是说它们基本上是经济问题而不是经济学问题。而纵观诺贝尔经济学奖，获奖学者的研究工作大都是基于经济学问题。为什么经济学问题在中国没有被重视呢？这倒是一个有趣而又有待解释的现象。

有很多问题，不仅不是重要的经济学问题，反而是蠢问题。假如问题是经济学基础假设的题中之意，那么就是蠢问题了。这诚如弗里德曼所言，"试图从经验上估计企业的生产成本是否最低是愚蠢的，因为根据定义，企业的生产成本总是最低的"。同样的道理，试图证明经济是否有效率也是愚蠢的。"考虑了所有的约束条件，经济总是有效率的。"这也是定义性规定。我认为，垄断是不是低效率的，家族企业是不是低效率的，计划经济体制是否实现了资源的最优配置，统统都是愚蠢的问题。

当然，我们要知道，在不同人那里，同样的问题是可以成为不同问题的。钱颖一讲："受过经济学训练和没有受过经济学训练的人的差别在于，前者心里有一些参照系，后者心里却没有这样的参照系。"一些经济问题，在那些受过训练的人眼里，就成为经济学问题了；但在那些没有受过训练的人眼里，则仅仅是经济问题而已。

回答这样两类问题，都是在做研究。但准确地说，前者是研究经济，后者才是经济研究。

2010 年 3 月

学习的方法[①]

有不少朋友问我如何学习、如何做学问。对此，我是不敢轻易作答的。我是写了几篇文章，但那不是做研究，更不是做学问。今天学校给了任务，要每个老师写一点指导学生如何学习和做科研的建议。既然是任务，我就写那么几条吧。

第一，相信自己，要坚持只有自己能说服自己。自己想通了的，可以信；自己想不通的或者暂时还没有想通的，尽量存疑。第二，要学会问问题。问题要达、浅、重要，更要有不同答案的可能性。第三，要与高人过招。没有条件，也要看高人过招。第四，要依不同情况而选择学习方法。情况不同，学习的方法是不应该一样的。

要坚持只有自己能说服自己

不要迷信权威，不要被流行观点所左右，要坚持只有自己能说

---

① 本文大量引用了张五常教授的说法，特此说明。

服自己。张五常教授说："'那是大师说的呀，怎么可能是错的？''那
么多人都那么说，而且大家说了那么久，一定是对的吧！'这两点，
是人类最大的思想束缚。要是你能避免这两个束缚，你可能一夜间
变为一个准天才。"

是的，在科学上，众所周知的观点不一定对。不仅不一定对，
而且往往错得离谱。例如，格雷欣定律、外部性分析、发展经济学、
传统的佃农理论，都错得离谱，错得一塌糊涂。这些观点，张五常
教授早有过分析，无须我再做说明。

在科学上，错就是错，对就是对。即使错了，但错得有启发，
也是伟大的。

我这个人无可救药，对于崇拜的人，我总是五体投地——就算
他错了，我还是五体投地。

我对张五常教授崇拜得五体投地。他说："市场因为交易费用
而起，没有交易费用不会有市场。"我不同意。我的观点是："市
场因为交易费用而起。但是没有交易费用，还会有市场，只不过是
随机地出现罢了。"他说："如果我们都不卸责、欺骗、说谎或盗
窃，世界将更美好。"我也不同意。我的观点则是："假如人人都
是利他的，那么人类早已不复存在。"我不同意他的这些观点，但
我还是对他崇拜得五体投地。太太说我很专一，干什么事都很专一，
以致现在都爱不起她来了。

我这个人无可救药，自己想通了的，深信不疑；想不通的或者

还没有想通的，那是一定要存疑的。

教科书讲理性、完全理性和有限理性，我不相信。我认为理性与完全理性、有限理性不是一回事。理性只是追求约束条件下的利益最大化，而完全理性和有限理性则与环境的复杂性和不确定性以及人的认知能力的局限性相关联。

教科书讲最优、次优，我不相信。我认为区分最优、次优没有太大的意义，有意义的只是约束条件下的最大化。

教科书讲帕累托改进，讲渐进改革是帕累托改进，这我也不相信。我认为，帕累托改进要求约束条件不变，那些所谓的帕累托改进其实伴随了约束条件的改变，因而不是真正意义上的帕累托改进。"考虑了所有的约束条件，经济总是有效率的。"那所谓的帕累托改进其实是子虚乌有的。

教科书讲"囚犯的难题"，说集体理性与个人理性有冲突。这我又不相信。集体理性与个人理性不是同一时空中的事，而且世间并不存在什么集体理性，冲突更无从说起。

教科书讲垄断是无效率的，我还是不相信。我认为，垄断只是程度问题，一定程度的垄断总是存在的，很多垄断恰恰是保护产权的必然结果。所谓的净损失，其实是避免价值消散和获得规模经济的必要代价。

学界争论国企改革中竞争重要还是产权重要。我认为，竞争与稀缺性相伴而生，竞争与生俱来。有的竞争是价值消散的竞争，有的竞争是价值增值的竞争，因此竞争是需要进行筛选限制的。产权的作用在于对竞争方式进行筛选。产权既为竞争提供激励，又对竞争进行限制：激励人们用这样的方式竞争，限制人们用那样的方式竞争。

孟子曰："尽信书，则不如无书。"尽信书本和老师讲的，这大学不如不读算了！

要学会问问题

问题要达、浅、重要，要有不同答案的可能性。这是张五常的看法。

张五常说："问题问得好，答案往往得了过半。"

第一，问题要一针见血。据说，这是弗里德曼的拿手好戏。张五常说："你问他一个问题，他喜欢这样回答：'且让我改一下你的问题。'经他一改，问题就直达你要问的重心。我们凡夫俗子，仿效的方法就是对一个问题用几种形式去发问，务求达到重点之所在。"

第二，问题要问得浅。据说，这是阿尔钦的专长。张五常说："谈起货币理论，他问：'什么是货币？为什么市场不用马铃薯作货币？'当经济学界因为效用的度量困难而热烈争论时，阿尔钦问：'什么是效用？什么是度量？我们用什么准则来决定一样东西是被

度量了的？'这是小孩子的发问方式。后来阿尔钦找到了举世知名
的答案：度量不外乎是以武断的方式加上数字作为衡量的准则，而
效用就只不过是这些数字的随意定名。"

张五常的"佃农理论"就是由几个浅问题问出来的。传统理论
认为，地主以分账的方式征收租金，就如政府征税一样，会使农民
减少努力生产的意向，从而使生产下降。张五常问："既然生产下降，
租金就减少了，为什么地主不选用其他非分账式的收租办法？""假
如我是地主，我会怎样办？假如我是农民，我又会怎样办？"张五
常这一问，就问出了著名的佃农理论。

第三，要判定问题的重要性。张五常说："判断问题的重要性
并不太难。你要问：'假如这问题有了答案，我们会知道些什么？'
若所知的与其他知识没有什么关联，或所知的改变不了众所周知的
学问，问题就无足轻重了。""有很多问题，不仅不重要，而且是
蠢问题。什么是蠢问题呢？若问题只能有一个答案，没有其他的可
能性，那就是蠢问题了。"若问题是经济学基础假设的题中之意，
那也是蠢问题。这诚如弗里德曼所言，"试图从经验上估计企业的
生产成本是否最低是愚蠢的，因为根据定义，企业的生产成本总是
最低的"。同样的道理，试图证明经济是否有效率也是愚蠢的。张
五常说："考虑了所有的约束条件，经济总是有效率的。"这也是
定义性规定。

垄断是不是低效率的？家族企业是不是低效率的？计划经济体

制是否实现了资源的最优配置？这些统统都是愚蠢的问题。

你讲的全球化，不一定是大问题；我问的为什么冬天菜价上涨了，麻辣烫却不涨价，不一定是小问题。你讲的振兴老工业基地，不一定抓住了问题的实质；我讲的为何第一、二产业凋零，而第三产业发达，倒可能抓住了问题的根本。是的，重要的问题常常要从小处看。

要与高人过招

我说一说自己的故事吧。

十多年前，我开始学下围棋。那时，我总是被人让两三个子。后来我去北京航空航天大学进修学习，同楼住着一位业余五段棋手，我们班又有一位业余二段棋手，所以我能经常看到两位高手下棋。他为什么在这个地方拆一招呢？我似有所悟，又不甚明了。几手后，十几手后，明白了：啊，原来如此！偶尔，我也跟他们下盘让子棋。自觉没有问题的棋，人家投下一子，顷刻间形势就发生了逆转。那棋子哪里是投在了棋盘上，分明是扎在了心尖上。我就这样似明白不明白，偶尔也痛下一把地过了一年。一年后，我回到原单位，工会举行教职工围棋比赛。很意外，我获得了二等奖。

于是我得出结论：我的确是臭棋篓子，但这是因为没有高人的缘故。是的，要与高人过招，没有条件也要看高人过招。做学问也一样。高人难遇，不得已而求其次，可以读他们的书。书不需要读很多，但需要找精彩的来读。要读高人的书。

张五常教授是高人。读张教授的书，你能明白为什么"了解世界"是重要的，你能理解约束条件在经济分析中的意义和重要性，你也能对"直向浅中求"和"经济解释"有一番领悟。读张教授的书，总能给你别样的启迪。

科斯教授是高人。"既然市场是有效的，那为什么要企业？"他问得怎么这样浅呢？

德姆塞茨教授是高人。读了他的文章，你就会抛弃那些关于公司治理的流行教条。

林毅夫教授是高人。关于传统计划经济体制的形成和经济转轨，他竟有如此逻辑优美和一致的解释。通过看林教授的文字，我体会到满足约束条件的行为一定也只是导致了约束条件下的最大化。

周其仁教授是高人。他是了解世界的。诚如张五常讲过的，因为对一个实例下过足够的功夫，盲拳可以打倒老师傅。

我的老师李平教授是高人。他总是问我："你的问题是什么？你的问题到底是什么？你那个问题是宽度问题，但不是大小问题。"经他这么一问、一讲，我就明白：原来，问题才是首要的呀！问题不贵大，而贵重要；不贵深，而贵浅。浅，才具有一般性，也才是重要的呀！

是的，能遇高人是幸运的！高人难遇，但毕竟还是可遇！

有人说："有的人肚子里有东西，但讲不出来。这叫'茶壶里煮饺子——有货倒不出'。而有的人学问不高，但讲课很受学生欢迎。"对此，我是不能完全同意的。没有真功夫，可以打出些花拳绣腿；没有真学问，可以把课堂搞得热热闹闹。在这个意义上，大学生评教可能不一定十分准确。但是，一个学得通透的人，一个真正有学问的人，怎么可能讲不清楚问题呢？

"大学生选课，是应以讲者的学问为依据的。跟一个学问渊博的讲者学习，即使学得十之一二，也能终生受用。但跟一个平庸的讲者学习，即使学得十之八九，也是不够用的。"

要依学科而选择学习方法

我上中小学时，是不知道怎样读书的，也没有书可读。课本，尤其是那个年代的课本，又有谁愿意去读呢？我的理科一直很好，但文科却一塌糊涂。最怕的要算作文了，一直都怕。不考作文，我的语文可以得八十分；但加上了作文，及格就算庆幸了。长大了，又怕起写信来。真是羡慕别人，不一会儿的工夫就可以写出洋洋数千字的信来。再后来写硕士论文，导师说我文字不通顺。每递上去一稿，导师都要对文字做多处的修改。

偶然的机会，读了些唐诗宋词，读了些名家的散文。原来，自己也是很喜欢这些的。这种读书没有功利的目的，并不刻意去背，只是闲来就放声朗读。学习之余，这种放声朗读是一种极大的放松。

这样，一读就是三年。三年中，我背下了不少名篇并开始给报纸写文章了。

有一天和导师交谈，她说我文字上长进很大。我不知道，这是夸我，还是批评我。但博士三年半，我的文字确有长进。这不是说我的文字好了，文采斐然了，而是说比原来是有长进的。

我在想：学语言、文学、艺术不同于学数学、物理、化学等科学，那是需要理解的。不理解这一步，就不能理解下一步。不理解，生生地背下来是没有用的，也是不可能全部背下来的。

但学习语言、文学、艺术就不同了。这些东西反复地读和听，你自然就会记下来。没有理解，记下来虽然一时没有用，但是，长大了一些，自然就懂了，自然就理解了。这个时候，过去记忆的东西，就大有用处了。这就是在不知不觉中学，在轻松中学。学语言、文学、艺术，是那么轻松愉快的事，怎么搞得那么累呢？学母语，我们累吗？一定是不累的。小时候，母亲哄我们睡觉唱的歌谣，我们刻意学了吗？没有，但我们会唱。怎么学外语就那么累呢？所以，一定是方法不对。读中学的时候，老师总告诉我，默记效果好，有些时候不让我们高声朗读课文。如今想来，那应该是错了。

学音乐，不需要刻意去听，不需要刻意去演示。吃饭的时候，玩耍的时候，作为背景音乐放一放就可以了。当然，要放经典的曲子。听多了，自然就会了。学写作，也不需要刻意去学什么写作之法。读得多了，看得多了，背得多了，自然就会写了。"熟读唐诗三百首，不会作诗也会吟。"这句话讲的就是这个道理。学外语，也是不需要那么刻意地学。走路的时候，吃饭、睡觉的时候，听一听磁带，不需要字字都听懂，不需要听什么艰难深奥的，听些简单的生活中的用语就可以，多和人交流，自然可以学好。

我不教外语，也不教写作，但要求学生耳边随时挂着随身听，一个月背两首唐诗宋词、熟读一篇经典散文。想想吧：四年以至十年下来，那会是怎样的结果呢？他们不一定成为语言高手，但一定能熟练运用一门外语；他们不一定成为写作大师，但一定是文章高手。再想想吧：这一切都是在不知不觉、轻松愉快中完成的！

我苦口婆心地要学生一点一滴地把微观经济学和宏观经济学搞懂，是因为经济学是科学，学习科学是需要一步一步、一点一滴地搞懂的。只有这样，学习经济学才是一件轻松愉快的事。这是用心良苦了。

再论学习的方法

曾经应学院要求，我写了一篇题为《学习的方法》的文章。没想到，卢昌崇院长将这篇文章指定给他的学生作为必读文章。卢院长是师辈人物，学问、人品都是我等后学之辈的楷模。有了他的厚爱和鼓励，我不妨鼓起勇气再谈一点学习方法的问题，算是对卢院长厚爱的一种感谢吧。

文章要"倒着来读"

做研究是"摸着石头过河"，探索着往前走，但是文章常常是"倒着"写出来的。我们读书不是为了读书而读书，而是要通过读书和学习来提升自己的研究能力，于是文章就不能不"倒着读"。所谓"倒着读"，就是还原到原始的研究过程中去读。

例如教科书上讲数学期望，一般只是简单地这样讲："定义 $\sum x_i p_i$ 为随机变量 x 的期望值，用符号 E(x) 来表示。其中，x_i 是随机变量 x 的取值，p_i 是随机变量 x 取值 x_i 的概率。随机变量的期望值代表了随机变量的平均值取值。"这是写文章，是把原始的研究过程"倒着"来写。原始的研究过程是在真实世界。我们可能十分关心随机变量的平均取值。如果随机变量 x 的所有可能取值为 $x_1,x_2,x_3,\cdots,x_n$，那么我们如何确定它的平均取值呢？容易想到用算术平均（$\sum x_i$）/n 来刻画这个平均取值。从理论上讲，这不是不可以，但不是最好的刻画。正如我们不会简单地以各种商品的价格做算术平均来确定经济的国内生产总值平减指数，我们也不会选择用算术平均来刻画随机变量均值。这是因为不同商品在经济中的重要性不一样，价格指数的计算要反映出这种相对重要性才有意义。我们会选择各种商品的产量做权因子，用加权平均来计算这种价格指数。这里，对于我们要研究的随机变量的平均取值问题来说，毫无疑问，随机变量取各种可能的值的概率正好反映了它们的相对重要性。于是以这些概率做权因子，用加权平均（$\sum x_i p_i$）/（$\sum p_i$）来刻画随机变量的平均取值就是可取的。因为 $\sum p_i=1$，于是这个平均取值就是数学期望定义的表达式了。数学期望的这个讲法与教科书上的表述并没有根本的不一致，但我认为数学期望的概念应该这样来讲，这样来学。

同样的道理，我们讲方差，不可以简单地定义 $E[x-E(x)]^2$ 为随机变量 x 的方差，说它刻画了随机变量的分散程度，然后草草了事。这是事后的讲法，表达的只是前人研究得来的结果。然而从教和学

的角度来讲，更为重要的应该是把前人构造这个变量的历史过程展现给学生。所以问题一定要这样来讲："我们知道了随机变量的均值，现在问：如何来刻画这个随机变量取值的分散程度呢？"由于均值是随机变量取值的"重心"或者"中心"，我们自然会想到用随机变量的可能取值与"中心"的平均距离来刻画该随机变量取值的分散程度。如果 $\sum |x_i-E(x)|p_i$ 大，则该随机变量取值的分散程度就高；如果 $\sum |x_i-E(x)|p_i$ 小，则该随机变量取值的分散程度就低。毫无疑问，这个变量很好地刻画了随机变量取值的分散程度，也是人们最容易想到的刻画随机变量取值分散程度的指标。但是，从数学的角度来讲，绝对值不容易处理，比如不便于做四则运算。因为这一点，人们容易替代地用 $\sum [x_i-E(x)]^2 p_i$ 来刻画随机变量取值的分散程度，于是就有了教科书上所讲的方差的定义及其所有的含义。

教科书上讲："假设 $(x_1, x_2, \cdots, x_n)$ 是从总体 x 中随机抽取的一个样本，那么定义 $\bar{x} = \sum x_i/n$ 为样本均值，它是总体均值的一个很好的估计量；定义 $S_x{}^2 = \sum (x_i - \bar{x})^2/(n-1)$ 为样本方差，它是总体方差的一个很好的估计量。"我告诉学生："除非你是神经病、疯子，否则你怎么会想到定义样本方差为 $\sum (x_i - \bar{x})^2/(n-1)$，然后用它来做总体方差的估计量呢？"我们容易想到，用样本方差去做总体方差的估计量，定义样本方差为 $\sum (x_i - \bar{x})^2/n$。但是我们很难想到直接定义样本方差为 $\sum (x_i - \bar{x})^2/(n-1)$，然后用它去做总体方差的估计量。真实的研究过程很可能是，人们定义样本方差为 $\sum (x_i - \bar{x})^2/n$，然后尝试着看它到底是不是总体方差的一个好的估计量。试的结果是不够好，于是人们进行调整，调来调去，最后调出了教科书上的样本方差的定义。因为无论是 $\sum (x_i - \bar{x})^2/n$，还是 $\sum (x_i - \bar{x})^2/(n-1)$，都能很好地刻画样本取值在其均值周围的分散程度，而 $\sum (x_i - \bar{x})^2/(n-1)$ 又能更好地估计总体的方差。其实，科学研究更多的就是这种不断的探索和试错的过程。我常对学生讲："你们不要以为科学家就一定智商超人，其实他们更多的还是平常人。"言下之意，如果我们方法对头，又具有不断探索的精神，那么我们很多人也是可以成为科学家的。

当年我讲数学课的时候，在事前不去演例题，而是把自己解题的过程原始地展示给学生。这样做，虽然难免会有演不下去的时候，但我认为老师应该把自己思维的过程展示给学生，包括把自己犯错误的过程展示给学生，而不是只展示一个事先精心准备好的"完美"答案。记得有一次上课，恰巧系里的书记来听课，有一道题我就演不下去了。课后书记关爱地对我讲："谢作诗，你是咋回事？你不应该是这样的呀！"我当然知道，我本来是可以不这样的。十几年过去了，我的这个毛病到今天还是没有完全改过来。只是我不讲数学了，表演的机会少了，也是由于随着年龄的增大，脑子没有年轻时灵活，越来越没有信心做这样的表演了。

正是基于上述理念，我历来就不相信一个人没有做过好的研究工作，却可以成为一个好的大学老师。不做原创性科学研究，难道应用性科学研究也不做吗？据说，芝加哥大学的戴维德教授终其一生是不写文章的，但我不认为不写文章就是不做研究。如果教科书的每一个概念和问题我们都能这样来讲，怎么不能做出好的研究来？反过来，我倒是更相信，一个不能做出好的研究的人，是不可能这样来讲教科书上的各种概念和问题的。我历来坚信，一个学得通透的人是不可能讲不清楚问题的。好的大学老师应该怎样带研究生呢？要让他参与到你的研究之中去，在你研究的过程中去带研究生。现在，一些教授一个人带十几个甚至几十个研究生，不由让人多想：这是带研究生吗？中国的高等教育到底是怎么了？

时刻不要忘记问为什么

我在这里谈论的学习方法，不是学习文学、艺术和宗教的方法，而是学习科学的方法。我并不是要在科学和非科学之间做出高下、重要与否的区分。我倒是更愿意相信，仅有科学是不会给我们带来更多幸福的。但是学习科学的确有一些特别的地方。学科学，最重要的不是知其然，而是知其所以然。所以我们务必养成多问为什么的习惯。当然，如果我们总能回到研究的原始过程中去，那么为什么的问题也就回答了。但是这样做毕竟费时费力，很多时候不值得我们这样下功夫。退而求其次，我们就要多问为什么才是。

我们总讲批判精神，问题是：这种批判精神到底是从哪里来的？

其实，批判精神就是从我们多问为什么中培养起来的。我觉得自己是富有批判精神的，自己的批判精神是从多年来养成的多问为什么的习惯中培养起来的。

当年我在南充师范学院数学系读书的时候，系主任是顾永兴教授。大家口口相传，顾老师学问了得，但是不善于讲话。据说，他和杨乐、张广厚是同学，学问自然了得。系里开会的时候，他也不怎么讲话，多数时候由邓坤贵老师代讲。在给我们讲"复变函数"以及进一步的提高课"值分布理论"时，顾老师数学思维清楚绝伦，一句多余的话也没有，不像我今天讲课，时不时地要在课堂上讲一点相关或者不相关的话题，以活跃课堂气氛。他是江苏人，满口江苏口音。在他的课堂上，听到最多的就是他那充满浓浓江苏口音的"为什么"。那个时候，因为大家都说他是高人，我们就争着向他请教问题。事前我们总要对问题反复思考，做好充分的准备然后去问他问题。而他呢，从来都是听你讲，时不时地用他那浓浓的江苏口音问你为什么。几个为什么下来，让你觉得似有所悟，又觉得实在是自己想得不细致，于是告别老师，带着问题回去思考，一路上视一切如无物地思考着走回去。过了一段时间，觉得这个问题想得差不多了，再去问他。而他呢，给你的回答还是那带着浓浓江苏口音的"为什么"。二十年了，自己早已不研究数学了，所以已经不记得当年老师在课堂上都讲了些什么，也记不清楚自己当年都问了老师些什么问题。但印象最深的是大学里的这位顾老师，以及他那带着浓浓江苏口音的"为什么"。

后来我读书，也总忘不了问自己为什么。这个"毛病"是改不过来了，就是看小说，也快不起来了。现在我自己教课，就总忘不了问学生为什么。

同学们似有所悟，但又不甚了了。我倒得意起来。是不是这就是好老师呢？对一些问题老师总要三两句话就把问题讲清楚，而对另外一些问题老师反而应该不讲清楚才对。三句话讲不明白的问题，老师就要坦诚地告诉学生自己不会，还不懂。我历来反对的是：老师讲了半天，学生还是没有听懂，老师还在那里讲个不停。因为一般来说，这种情况要么是老师没有把问题搞通透，要么是这个学生根本就不值得教。不值得教的学生，你还在那里讲什么。

很多时候，并不需要我们花时间去搞清楚所有的为什么，或者更准确地说，是不值得花时间去搞清楚所有的为什么。但是，不需要花时间去搞清楚所有的为什么，不意味着我们在读书的时候可以忽视这里或那里存在着的为什么，不意味着我们可以不养成问为什么的习惯。不去搞清楚其中的为什么或者懒得去搞清楚其中的为什么是一回事，你没有意识去问、去发现这样的为什么又是一回事。所以我给学生讲："你们读书的时候，一定要手里拿着笔，不停地在书上画'？'，批'为什么'。你可以懒得去搞清楚这些为什么的真实逻辑，但是你不可以不意识到这里或那里存在着的为什么。到了我这个年龄，你们才可以连为什么也懒得去问了，因为那个时候，问为什么的习惯已经深入到你的骨髓里去了，你无论怎么读书，也不会放过应该思考的细节。"

学问之道是求同而不是存异

写文章时，我们要尽量地把自己与别人相区别。这是存异而不是求同，是为了发表的需要。但是从增长学问的角度，要点却不是存异，而是求同。求同是什么意思？就是把理论一般化来看待。高小勇总编曾经多次跟我讲，要一般化地看问题。2003 年，我在深圳拜见张五常教授的时候，他老人家给我讲了四点：第一，要学好数学；第二，要学好英语；第三，看一看马歇尔的《经济学原理》——马歇尔的架构很好；第四，他不忘强调的还是一般化的问题。老实说，要我听懂教授的那一口粤味普通话是困难的，更重要的是，我根本就跟不上他那快如闪电的思维。尽管如此，他老人家强调的这四点我还是牢牢地记在了心中。

2005 年，在张五常教授七十岁寿辰庆典上，周其仁教授有过一番意味深长的讲话。周教授在学界是公认的善于讲话的人，他的原话我当然不能重复出来。他讲话的大意是："一般高手的文章，看一两篇也就大约知道别的了。但是张教授的文章呢，篇篇都觉得新颖别致。然而就其实质，他又总是有一个收敛着的中心。他的所有文章，在精神和理念上又是完全一致的。其实，这种一致性正是高度一般化的产物。"我认为，学术的高手和低手之别就在于有没有这样的收敛中心，就在于在精神和理念上能不能够做到连贯一致，能不能做到一般化。连贯一致、一以贯之，这看起来容易，但做起来并不容易。远的不说，主流经济学在正确地定义了成本是放弃的最高代价，是机会成本之后，在厂商分析中，却几乎毫无例外地拿历史成本当成本来分析问题。这就是不一以贯之的最直接的例子。有些人，左边来了问题出左拳打，右边来了问题出右拳打，上边来了问题用头顶，下边来了问题用脚踢。这样的人，是低手无疑。殊不知，把这些分析放在一起来看，原来它们是矛盾的、互不相容的。

　　朋友，不要以为只有污染才是社会成本问题，难道垄断就不是社会成本问题了？我们千万不要以为"合成谬误"就不是社会成本问题，"囚犯难题"就不是社会成本问题。其实在根本上，它们讲的无一不是社会成本问题。我和我的导师穆怀中教授曾一起写文章说明科斯定理、"合成谬误"和"囚犯难题"讲的是一回事。然而"合成谬误"和"囚犯难题"的传统讲法却与科斯定理的精神相违背。这个观点赞成的人不少，但就是没有重要杂志愿意发表，最后发表在《河北经贸大学学报》上。我们也千万不要以为"合成谬误"和"囚犯难题"只是经济学的逻辑游戏，并不具有特别的重要性。要知道，对于它们的不同理解将导致我们对一些重大经济问题产生根本不同的看法。例如，如果"合成谬误"的传统讲法真的成立，那么我们就会得出失业是宏观问题，必须由政府采取措施加以解决的结论。而一旦我们在更为一般的意义上看问题，否定了"合成谬误"的传统讲法，我们至少不会得出失业必然是宏观问题、必须由政府采取措施加以解决的荒谬结论。

高度一般化的能力，其实也是透过纷繁复杂的表象去看事物本质的能力。我的一个同学叫吴永辉，中国科学院博士毕业，在美国、日本、德国好几个国家做过博士后研究。我和他聊起学生时代老师给我们布置那么多习题的时候，他说："其实完全不用做那么多习题的。"他这个人含蓄、有修养，一般不会去直接批评老师的。但我知道，这是对于我们过去接受的教育所表达的一种不满。

理论学习最重要的是建立理论基准

据说，哈佛大学的韦茨曼教授讲，受过现代经济学系统训练和没有经过这种训练的经济学家的区别就在于，前者的头脑中总有几个参照系，也就是我们所说的理论基准。这样，分析经济问题时就有一致性，就不会零敲碎打、就事论事。是的，你去读张五常教授的东西，题材虽然五花八门，但是内在的逻辑和理念却是一以贯之的，你去读林毅夫教授、张维迎教授、周其仁教授的东西也是如此。为什么？正是因为他们有自己赖以做经济分析的理论基准。在我看来，科斯定理、阿罗—德布鲁体系、租值消散定理（张五常发展了的）都是基准。

几乎每一个诺贝尔获奖理论的工作都是在建立某种理论基准。张五常教授对科斯定理有着独到的理解，又发展了传统的租值消散定理，而他对经济学的成本理念的把握则达到了无人能及的高度。所以他的经济分析既别致、有味道，又扎实不虚华。我呢，天赋赶不上张五常教授，所以除了在科斯定理、租值消散定理、成本理念上下了一些功夫，只在比较优势原理上下过一番功夫。说来说去，我的脑子里只有科斯定理、租值消散定理、比较优势原理和对成本理念的一些自认为是下过功夫后的理解，此外再没有更多的东西了。

话说回来，拥有理论基准是一回事，怎样用好基准则是另一回事。要知道，并不是人人都能用好理论基准的。有一些人，简单地拿了新古典世界的边际等式到现实世界运用一番，然后宣称，这也无效率，那也无效率。殊不知，因为真实世界的约束条件不同于标准模型的前提假设，因此标准模型的边际等式是不可能得到满足的。不满足标准模型的边际等式，并不意味着真实世界就是无效率的；相反，如果满足标准模型的边际等式，那么真实世界反倒应该是无效率的了。张五常教授大声疾呼："考虑了所有的约束条件，经济总是有效率的。"虽然没有人反对，但是呼应的人也不多，因此他只能戏称自己为"一士谔谔"。俗语说："高手看世界是和谐的。"所以哪里有那么多的无效率哟！

一般来说，理论基准都是一些无关性命题，就是一种在理想的经济环境下结果与工具、方式或者资源配置不相关的命题。没有人否认，作为参照系和理论基准的无关性命题给了我们某种直接的启示。例如，科斯定理就给了我们在低交易费用情况下外部效应问题存在市场解的直接启示。不过就这些无关性命题来说，要点却不是对其直接加以应用，而是在其基础之上加约束条件，找到变量之间的因果关系或者其他相关性，最终得出相关性命题来。正是在这个意义上，张五常讲："科斯的贡献并不在于什么定理，而在于促使我们关注约束条件。"张五常与我也正是从这个意义上来批判格雷欣定律的。我们要表达的是：在理想的经济环境中，劣币和良币的收益是相等的。这是一个无关性命题。在这个无关性命题之上，加上正交易费用，或者收币的人不能拒绝付币人用劣币支付的约束条件，总可以得到劣币驱逐良币的结论；而加上收币的人可以拒绝付币人用劣币支付的约束条件，又可以得到良币驱逐劣币的结论。因此，如果我们承认劣币驱逐良币是定律的话，那么就得承认良币驱逐劣币也是定律。而如果这样的定律真的算做定律的话，那么每一个事件都要对应一个定律。如果经济学领域中充斥着这样一些定律，那么不仅是无趣的，也是极不深刻的。

　　理论基准的主要作用是为我们提供一个分析框架、分析平台。我们把某个新的因素加入进来，利用模型所建立的既有平台做分析，然后与模型的既有结构和结果进行比较，就可以观察新因素的作用机制和效果了。让我们以莫蒂里安尼—米勒定理为参照，看现实中是什么违反了这一定理的假设条件，就知道是什么因素使得不同的金融工具收益不一样了。我们以科斯定理为参照，看现实中是什么违反了这一定理的假设条件，就知道是什么因素使得产权与效率相关联。我们以阿罗—德布鲁体系为参照，观察现实中是什么违反了这一理论的假设条件，就知道是什么因素使得不同经济体制的经济效率不一样了。这里要提及的是，加入了某个新的因素，模型的结构可能会有根本的改变。例如加入了正交易费用的约束，零交易费用经济学模型的结构可能就有根本的改变。

我们总讲创新，但是困难不在于说明创新如何重要，而在于怎样才能创新。其实，创新本身也要求我们必须建立起自己的理论基准和参照系。我给学生讲："你不能完全沿着别人的思路走，然后希望超越前人。这在芝加哥大学、哈佛大学、斯坦福大学是可能的，但在我们这里可能性不大。怎么办？你可以用你掌握的基准去观察别人研究的问题。因为你们的视角、方法不一样，看到的和发现的也就可能不一样。"我和导师穆怀中教授用科斯定理去观察"合成谬误"和"囚犯难题"的传统讲法，结果发现它们与科斯定理的精神竟然是矛盾的。这是不是创新呢？以科斯定理的理念来看社会成本问题，我们就会得出结论：在一些情况下，听任外部效应发生，听任私人成本与社会成本分离，反而是效率的表现；在另外一些情况下，私人之间的合约安排就可以解决私人成本与社会成本分离的问题；而由于不同的行为有着不同的交易费用，不同的行为主体做相同的事情有着不同的交易费用，因此科斯定理并不否认在一些情况下，政府出面解决外部性问题，反而更有效率。核心在于交易费用的性质和大小。它使我们不能一般地指出哪些外部性本身就是效率的体现，哪些外部性通过个人的行为或者私人之间的合约就能克服，哪些外部性由政府干预将比私人合约更有效率，因此政府的经济作用就变得不那么清晰了。我把这样的分析平移到关于垄断的分析上去，会有创新的效果吗？

总有人问我："你的研究方向是什么？"我说："交易费用经济学。"用交易费用经济学特有的视角来看，很多问题都可以研究。我历来反对简单地以问题导向来区分研究方向。你不能说，你研究老工业基地，这就是你的研究方向，或者你研究"三农"问题，这就是你的研究方向。核心在于：你是怎样研究这些问题的？你的视角是什么？方法是什么？架构又是什么？以怎样的理论"基准"和"参照系"来研究这些问题？

不要什么课程都认真学

人的精力总是有限的，所以我们不能什么课程都认真学习。凡事都认真对待，必以惨败而告终。年轻人思维没有定型，受到了好的影响，可以发展得很快，但是受到了坏的影响，也可能改都改不回来。所以，"开卷有益"这种说法看来是需要推敲的。

　　一些事我们必须认真对待，但另外一些事我们一定不可以较真；一些课程我们一定要认真学好，但另外一些课程我们考个 60 分就好。当年读大学的时候，好些课程考试时间不过半我就可以得 90 分，而另一些课程及格都难。记得一次考数学分析，天太热，考试才半个小时，我就流鼻血不止。监考老师带我到校医务室好不容易把血止住了，问我要不要继续回去考试。我说不用。老师一脸惋惜，他不知道我是不需要回去考试了。后来这次考试我得了 95 分。而教材教法课程呢，考试结束后，老师在路上见到我，主动对我说："你已经考 60 分了，就那么的了哈！"言下之意，如果我考试成绩不及格，老师会给我打及格的。我得申明：这可不是因为我跟老师有什么感情和交往，完全是因为他们都知道我是认真学习的学生。今年暑假，大学同学在都江堰举行毕业 20 年同学聚会，陈国先老师也去了。岁月沧桑，他已经是 70 多岁的老人了。20 年不见，他竟然一下子叫出了我的名字来。我万分感动，但这也足以显示我当年是认真学习的学生。要知道，陈老师给二班讲实变函数与泛函分析，我们一班是邓坤贵老师给讲的这门课，也就是说，他并没有给我上过课。想起来，我就为今天的高等教育感到悲哀：尽是大堂课，教师想记住学生的名字又如何做得到？

　　什么课程应该认真学习，什么文献应该认真阅读，是需要老师指点的。这是老师的职责。所以，现在我分管研究生工作，就对导师们提出了如下要求。

第一，课程体系一定要向国际一流大学看齐。在我看来，教什么远比怎样教重要。必须教给学生正确的、重要的东西，要给他们一个好的架构。有了这个架构，哪怕是自学，学生也可以沿着正确的方向得到较好的发展。反之，如果我们给了学生错误的架构，那就只会与正确的发展方向渐行渐远了。

第二，每个老师主讲一门课，辅讲一门课，一定不要讲太多的课，更不要什么课都讲。

第三，一些课程我们讲起来有难度，讲不好没有关系。我们并不要求老师这一学期从头到尾把这个课都讲好。一门课这学年讲三章，下一学年再开这门课，在这个基础上再讲三章，再下一学年再讲三章。三五年下来，我们就可以让这门课程建设成熟起来。但是必须教给学生正确的和重要的东西，而不是只讲老师容易讲的东西。在今天的中国，因人设课的事情是时有发生的。

当然，从另一方面来讲，也要靠学生自己的际遇。当年我在辽大读博士的第一学期，舍友是从厦门大学考来的韩太祥同学。他知道我是搞西方经济学专业的，就对我说："有一个叫张五常的经济学家，你知道不？蛮厉害的。"当时，我真的不知道有张五常这个人。但太祥君不知，他的这一句话，影响了我的一生。

2008 年 2 月

图书在版编目（CIP）数据

贸易是战争的替代／谢作诗著 .－－北京：生活·
读书·新知三联书店，2020.4
　（人人懂点经济学）
　ISBN 978–7–108–06654–1

Ⅰ.①贸… Ⅱ.①谢… Ⅲ.①经济学－通俗读物
Ⅳ.① F0–49
中国版本图书馆 CIP 数据核字（2019）第 160659 号

选题策划	王博文
特约编辑	董新兴
责任编辑	俞方远　陈富余
装帧设计	蔡立国
责任印制	卢　岳
出版统筹	姜仕侬
营销编辑	刘旭洋

出版发行　**生活·讀書·新知**三联书店
　　　　　（北京市东城区美术馆东街 22 号 100010）
网　　址　www.sdxjpc.com
经　　销　新华书店
印　　刷　山东德州新华印务有限责任公司
版　　次　2020 年 4 月北京第 1 版
　　　　　2020 年 4 月北京第 1 次印刷
开　　本　720 毫米 ×889 毫米 1/32　印张 9.5
字　　数　220 千字
定　　价　58.00 元

（印装查询：0534-2613999；邮购查询：010-84010542）